「お札《ふだ》」にみる日本仏教

Le bouddhisme japonais à travers les images pieuses

ベルナール・フランク

仏蘭久淳子訳

藤原書店

「お札《ふだ》」にみる日本仏教　目次

第二章　菩薩部

第三章 明王部――神秘的な霊力を持つ明知《めいち》（真言《マントラ》）の尊格化 …… 121

第四章　天　部

「お札《ふだ》」にみる日本仏教

凡例

一 原文イタリック表記のうち書名・紙誌名は『 』括りで示し、強調などの場合傍点を付した。
一 ( ) [ ] は原文のまま。
一 訳者による短い補足は本文中に〔 〕で補った。ただし、長い補足は、＊印を付し、各項末に記した。
一 小見出しは、原文に付されていたものを訳者が翻案した。

編纂 仏蘭久淳子／松崎碩子／ジョゼフ・A・キブルツ
協力 國學院大學／東京大学史料編纂所／コレージュ・ド・フランス日本学高等研究所／フランス国立科学研究センター中国・日本・チベット文明研究所

はじめに

ベルナール・フランク

ラフカディオ・ハーンはその著作『知られぬ日本の面影』（*Glimpses of Unfamiliar Japan*）の中に、あきらという学生の案内で初めて鎌倉を訪れ、円応寺において、大仏師運慶作と伝えられる衝撃的な閻魔王《えんま》の像を見た時の様子を語っている。ハーンは帰り際にこの閻魔像の姿絵があれば購入したい旨を伝えると、「寺の番人は〝聖なる文字〟が印された閻魔王の小版画を取り出し、私がそれを買い求めると、版画に寺印を捺印してくれた。その印は美しい漆の箱に納められ、柔らかい皮袋で包まれていた。細長い石に形象文字が朱色に浮き彫りになっている。寺の番人は朱墨でそれを濡らし、閻魔像の版画の片隅に押し、これで私の買物の正当性が成立したのであった」。ラフカディオ・ハーンが手に入れたこの版画は、本尊のお姿の肖像を刷った「お札《ふだ》」であったことは言うまでもない。時には「お姿」とも「御影《みえ》」とも言われるものである。

私は常々、日本において崇拝されているすべての尊像に、本尊やそれを取巻く神仏も含めて、無数とも思われるヴァリエーションがあることに魅了されていた。それは日本の宗教史の古さ、宗派とその伝統の多彩さに由来すると共に、宗教に対する日本人の柔軟性、寛容性の証しであり、またその想像力の豊かさを示しているものであろう。日本は他のほとんどの国で失われてしまった豊富な仏教パンテオン〔「八百万《やおろず》の神」や「諸尊」、詳しくはベルナール・フランク『日本仏教曼荼羅』藤原書店、第二章を参照のこと〕を、その豊かさのままで伝え得た稀有な国であった。

初めて日本に到着した一週間後、私の記録によれば一九五四年五月十六日の日曜日午後、当時駿河台にあった日仏会館から私は上野・不忍池に出かけた。不忍の弁天堂は惜しくも戦禍で破壊されて仮堂に過ぎなかったがそこに参詣した後、階段を登って清水堂という池に望んだ観音の寺に至り着いた時、寺務所の窓際に並べられてあったこの寺の本尊千手観音《せんじゅかんのん》の小版画を発見して感動した。明治の初めにハーンが買ったような版画ではないか、私もハーンの如く……、とそれを買ったのがその後に長く続くお札コレクションの最初の一枚だったのである。

それ以来、幾度かの日本滞在に四十を越す府県にわたって各地の寺社を訪れ、千枚程のこのようなお札《ふだ》を集得し、それらの尊像を伝統的分別法に従って六部の範疇に分類した。すなわち、至高の状態に到達したブッダ『如来』の部には釈迦如来・薬師如来・阿弥陀如来・大日如来があり、将来はブッダと定まっている『菩薩』たちの部には観音、文殊《もんじゅ》と普賢《ふげん》、虚空蔵《こくうぞう》と地蔵などがある。聖なる呪文の尊格化である『明王』の部には不動明王あり、愛染《あいぜん》・烏芻沙摩《うすさま》があり、インドの天上神または地上に住む半神が起源の『諸天』には、帝釈天《たいしゃくてん》・毘沙門天《びしゃもんてん》・弁天・大黒など、また閻魔王に鬼子母神《きしもじん》・妙《みょう》見《けん》などが続く。それに加えて愛宕《あたご》権現などの『権現』の部には混合的性格を持つ三宝荒神《さんぼうこうじん》や稲荷大明神など、そして他にも多くの尊格が日本中に存在する。座像があり立像があり、振り返っている姿や立ち上がろうとしている姿、笠をかぶった尊《そん》、また海から湧出する尊や山中に出現した尊、厳しいお顔や親しみ易い優しいお姿などと多様である。

お札と共に、私は寺の縁起を語る栞《しおり》や種々の資料も収集した。これらのものは正確な資料としては注目されないが、伝承の現状を示すと共に、難解な原典の信仰原理をごく平易に述べ、またその単純化した表現の中に、民衆が仏や神に対して抱いている心象が現れているという利点がある。ある場合にはそれがまた崇拝尊そのものを創り上げているとさえ言えるのではなかろうか。このようにして私は日本の神仏の物語に親しみ、少しはそれについて話すことが出来るようになった。どのような目で人々はこれらの尊像を眺め、感じ、何故《なにゆえ》に祈るのか。そして人々はその崇拝対象に何を期待しているのか、というようなことである。

平安時代の末、真言宗の覚禅《かくぜん》という一人の僧が、そしてやや遅れて鎌倉時代の初頭に天台宗の承澄《しょうちょう》という僧が、それぞれに四十年の歳月をかけてすべての仏の尊像を集め、その解説をするという労作を成し遂げた『覚禅抄』『阿娑縛抄《あさばしょう》』。私のささやかな研究は真面目にそれと比較するようなものではない。しかし私がお札を集め始めてから何時しか四十年余の年月が過ぎ、今日では私がそれを手に入れた所にすでに存在しないお札も少なくない。これは消えて行く過去の証左であり、必ず将来、人々は郷愁を以ってそれを振り返り見ることであろう。それ故に、日本において、またできればフランスにおいても、このお札による仏教パンテオン集成を発表するのも全く無意味ではなかろうと思うのである。

一九九五年　春

第一章　如来部（仏部）

——あるがままの自然の実相に目醒めた者

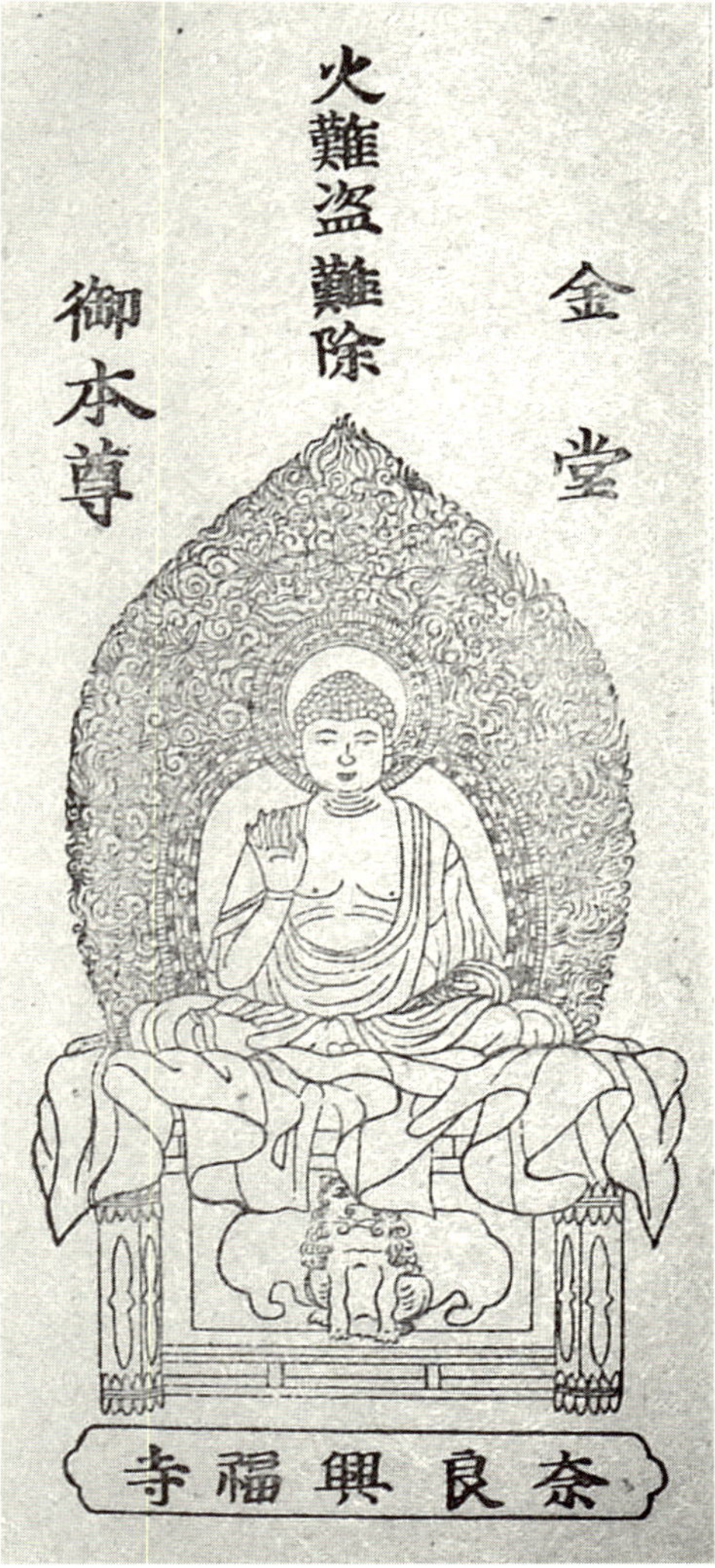

図版１　正覚《しょうがく》の釈迦（興福寺金堂・奈良県）

図版２　釈迦如来立像（清涼寺・京都府）

図版３　釈迦と十大弟子（稱名寺・神奈川県）

図版４　丈六《じょうろく》立像
（身延山久遠寺・山梨県）

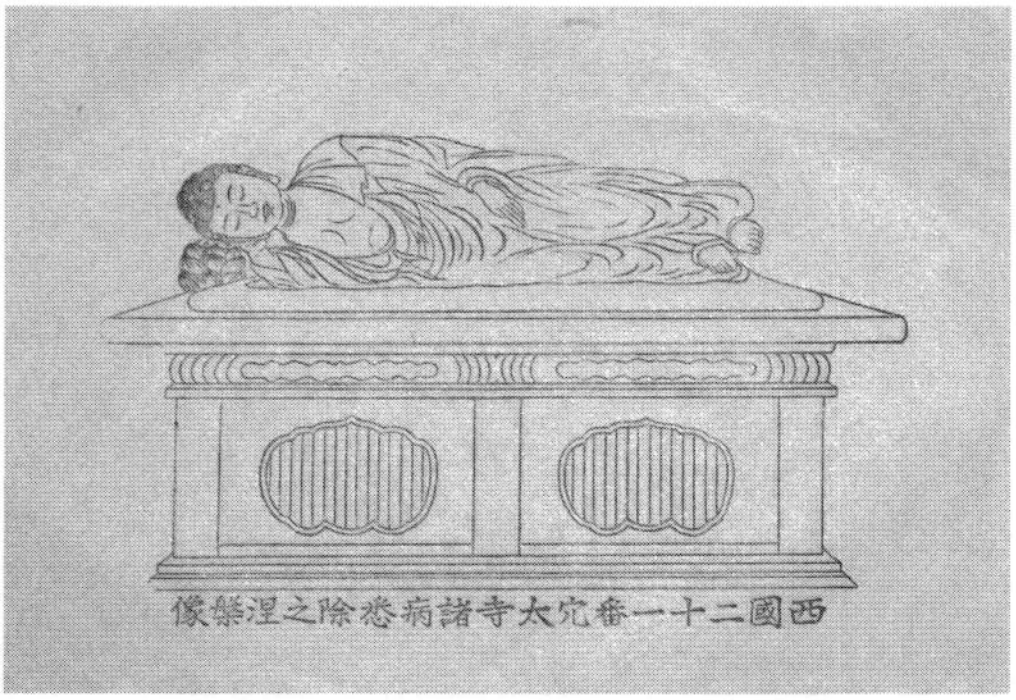

図版５　涅槃《ねはん》の釈迦（穴太寺《あなおじ》・京都府）

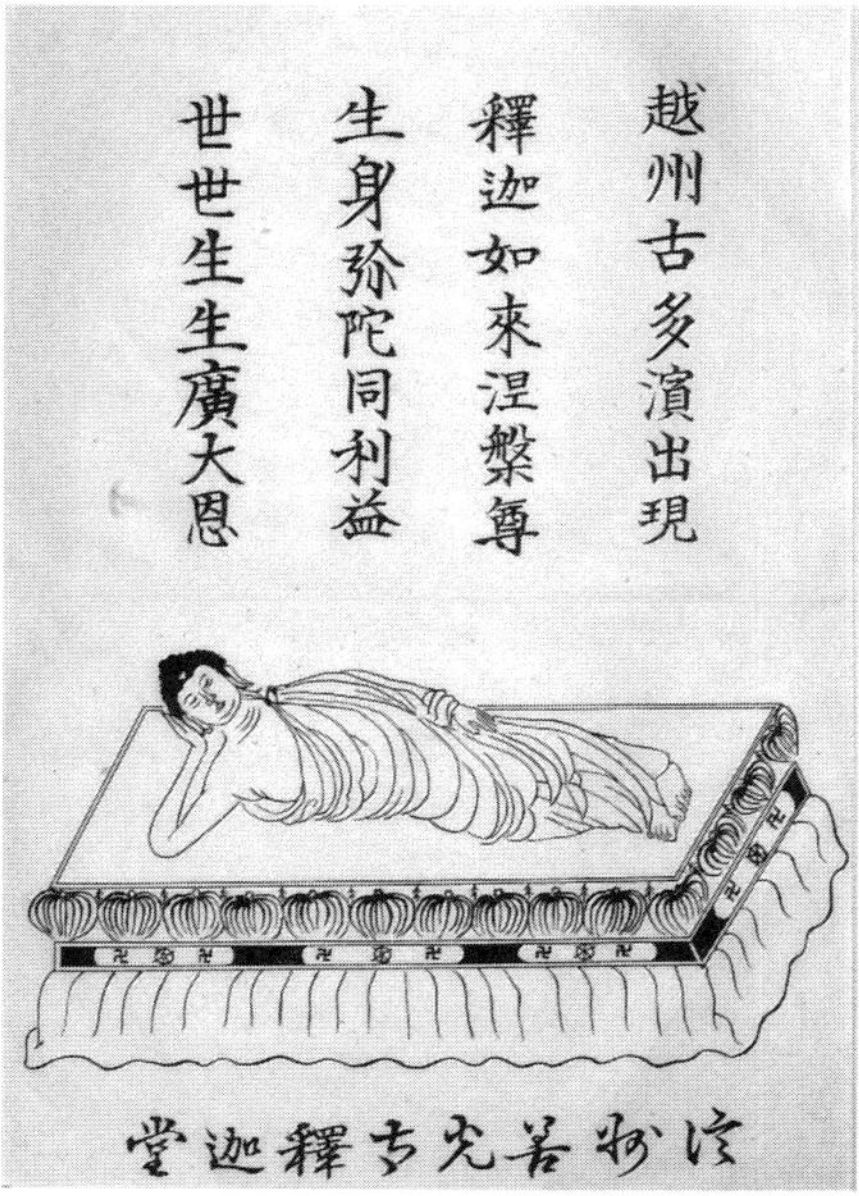

図版６　涅槃の釈迦（善光寺釈迦堂・長野県）

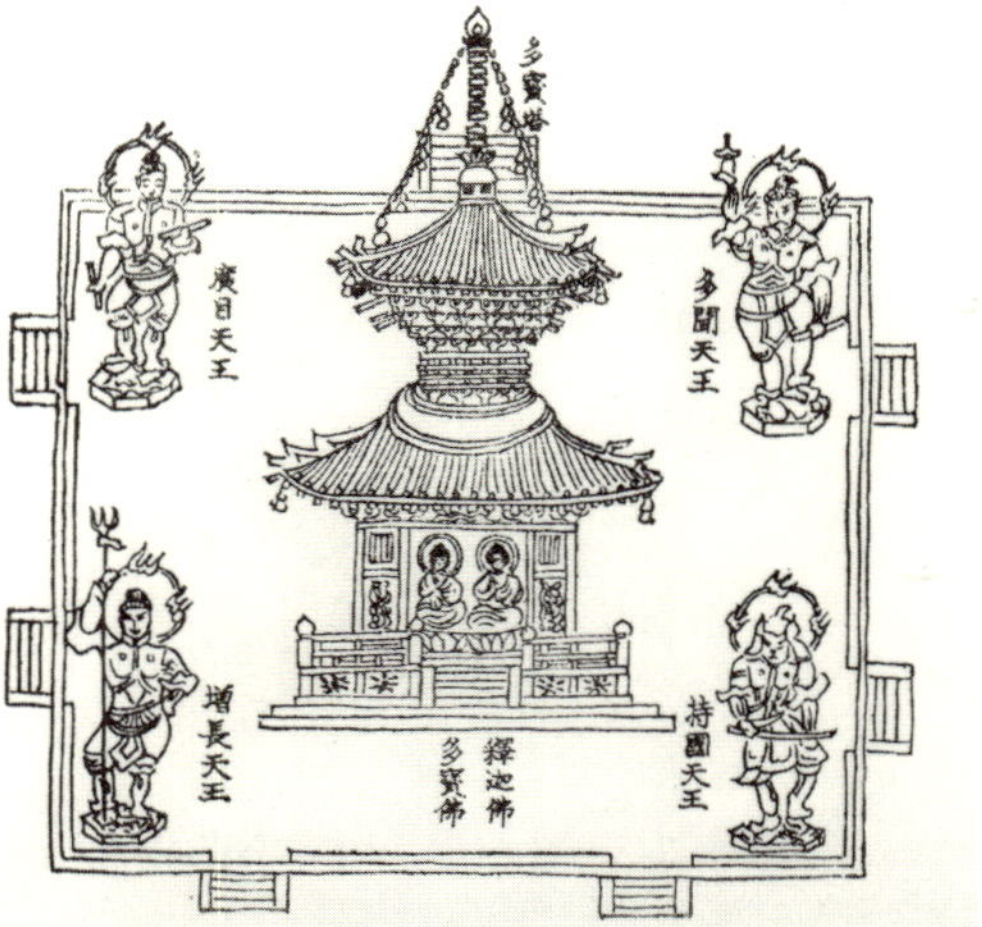

図版７　二仏並座と四天王（東大寺戒壇院・奈良県）

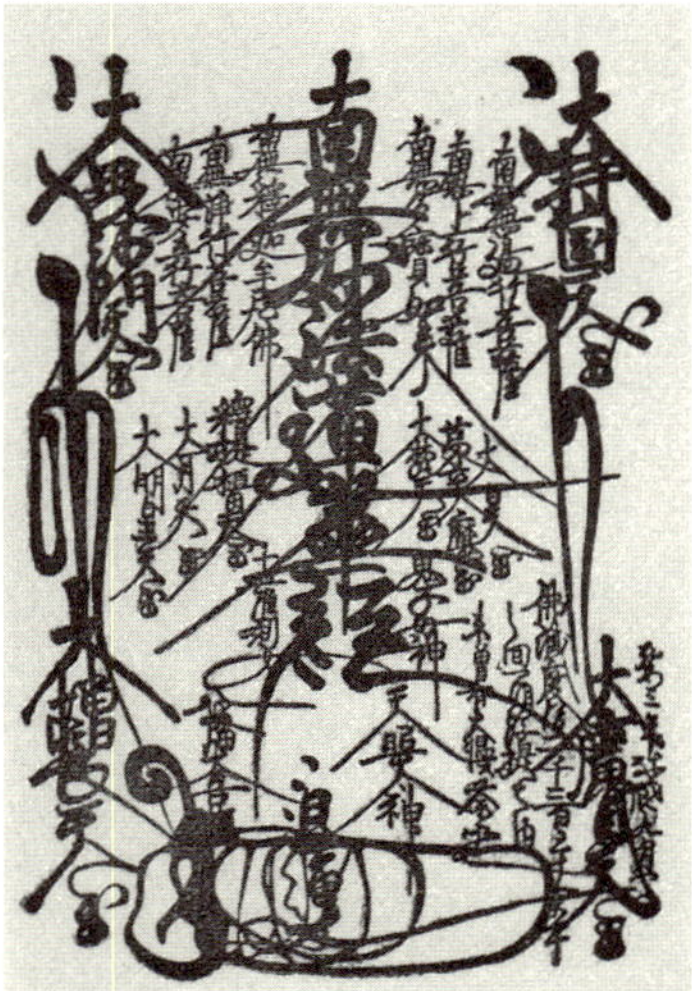

図版８　法華経曼荼羅（発行寺社名不明）

図版９　阿弥陀如来（萬徳寺・福井県）

図版 11　阿弥陀立像（西方寺・宮城県）

図版 10　定印の阿弥陀（子安阿弥陀寺・大阪府）

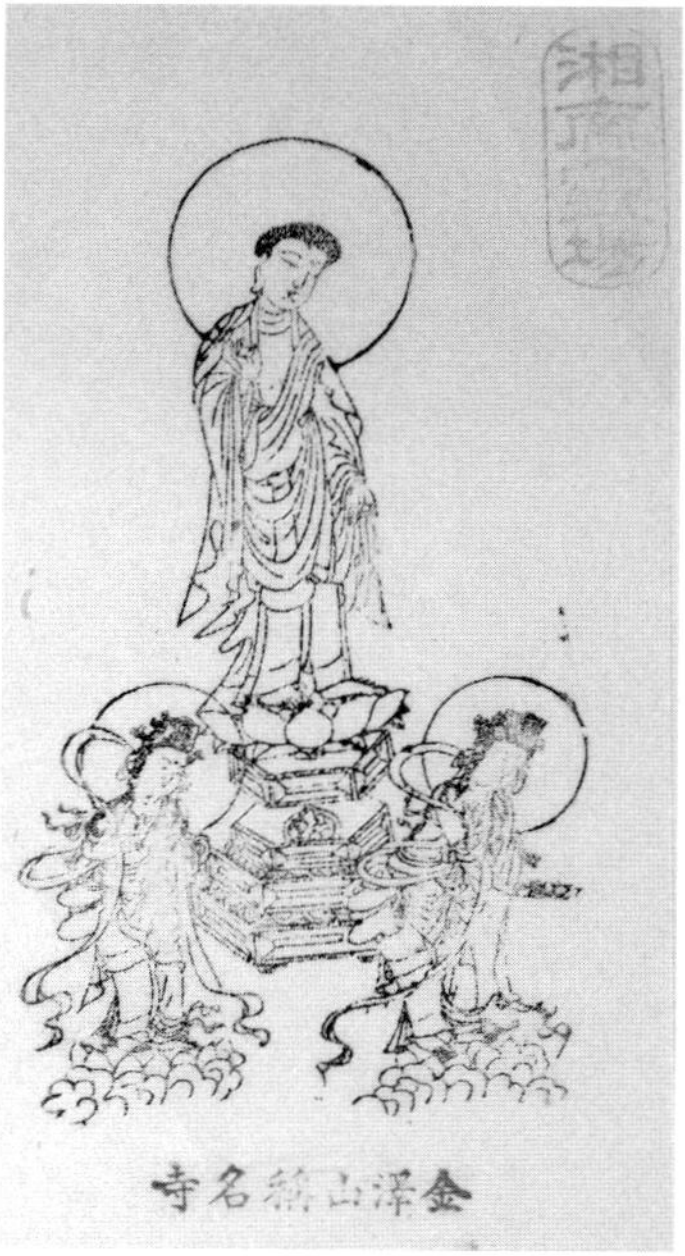

図版 13　来迎の阿弥陀（稱名寺・神奈川県）

図版 12　九品《くほん》阿弥陀（九品浄真寺・東京都）

図版 14　五劫思惟《ごこうしゆい》の阿弥陀（五劫院・奈良県）

図版 15　善光寺式阿弥陀三尊
（善光寺・長野県）

図版 16　見返り阿弥陀（永観堂・京都府）

図版 17　竜宮出現《りゅうぐうしゅつげん》歯《は》吹《ぶき》如来《にょらい》
（稱念寺・千葉県）

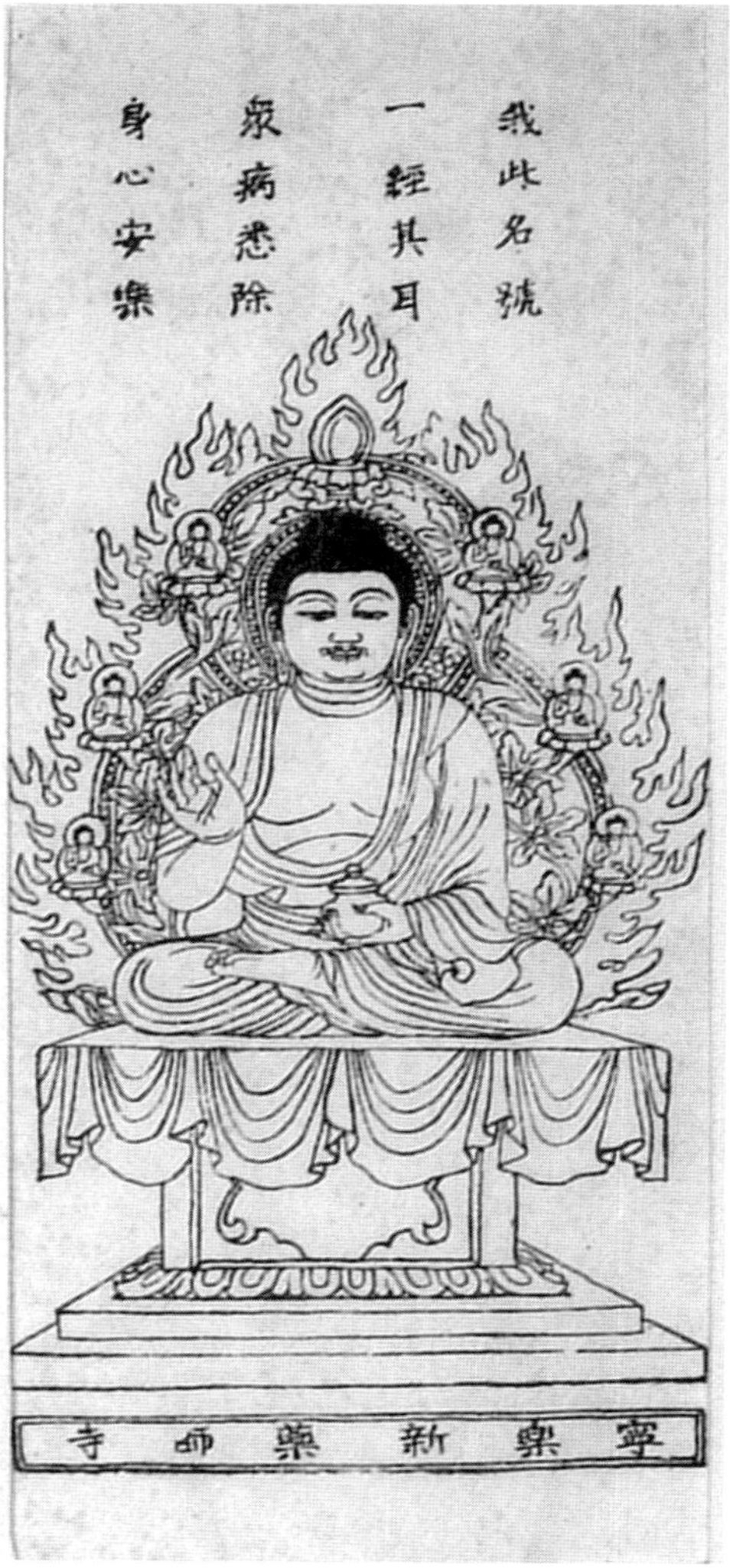
我此名號
一經其耳
衆病悉除
身心安樂
寧樂新藥師寺

図版 18　薬師如来（新薬師寺・奈良県）

図版 19　湯の峯薬師（東光寺・和歌山県）

図版 20　薬師如来
（草津光泉寺・群馬県）

図版 22　薬師如来、日光・月光菩薩および十二神将（延暦寺・滋賀県）

図版 21　薬師三尊（神護寺・京都府）

図版 23　**薬師如来**（神宮寺・福井県）

図版 24　**蟹《かに》薬師**（願興寺〔大寺〕・岐阜県）

図版 25　胎蔵界大日如来（平泉寺・山形県）

図版 27　金剛界大日如来（鑁阿寺《ばんなじ》・栃木県）

図版 26　金剛界大日如来
（新勝寺奥之院・千葉県）

図版 28　毘盧舎那仏《びるしゃなぶつ》（東大寺・奈良県）

図版 29　五智如来（大日如来を中心に薬師・宝生《ほうしょう》・阿弥陀・釈迦如来五仏）
（国分寺・新潟県）

宗教の全般において、何ものも神の上に存在するものはない。しかし、仏教では神々は非常に尊敬され、時には恐れられさえしていながら、あらゆる存在の最高の位置に格付けされてはいない。それは仏教ではすべての衆生は、神さえも含めて、命には限りがあるという考えを基本的原則の一つとしているからである。確かに神の寿命は非常に長いのだが、しかしその最終の時がくるとある神々の上には特有の衰退の徴候（天人五衰）が現れて、別の存在として生き始めなければならない。それは前の生涯が何者であろうと関係なく、今終ったばかりの生涯になした行為（業）と、さらに遡った生涯の「業」の残存効果に全く左右されるのである。

行為（業）が生じる衝撃力は水車を回す水流の力にたとえられる。その力こそが、多かれ少なかれ快適か不快な――そして結局は常に死に至る――出生を止むことなく繰り返す呼び水になっているのである。

仏教は知恵、修禅、信心、自我からの離脱、他者への思いやり、に基づいた道を教えている。この道のみが「さとり」といわれる精神の至高の明晰状態を取得して、無常と不安に蝕まれたこの世界から逃れる希望をもたらし得ると。

日本でいう「さとり」とはサンスクリット語 bodhi の音写語「菩提《ぼだい》」のことで、「目覚める」という意味である。ブッダは「目覚めたもの」――覚者――で、これはあるがままの自然の実相に目を覚ました者と理解すべきである。そうして目覚めることにより、同時にはっきりと死を繰り返すプロセスの上に立ち得たのである。数々の前世から積んだ業の、最後の効力が尽きる最後の生涯の後、このように目覚めた者は生と死が支配するこの世界から自由になり、対照的な安穏の境地に到達する。我々を打ちひしぐ絶え間なき変転の見地からは、この境地は変転の中止と考えられ、よってそれは「消滅」（ニルヴァーナ、涅槃）といわれる。しかしその境地自体は本質的に不変であるから逆に「不消滅」とも名付けられる。死の征服者、ブッダの状態に達した者は、すべての衆生の最高にのぼった者であり、インドの古い表現では「神々の上の神」といわれた。それは世界がまず第一に崇め尊ぶべきものである（世尊）。それを指すもう一つの重要な言葉は、かなり難解で「タターガタ（tathâgata）」という。「それの如く来た（または行った）もの」という意味で、日本語では第一義に従って如来という。それの如くというのは通説によれば、「ありのままにある大自然の事象に、宇宙の根本実在《それ》に、合致した」ものということである。

留意されたいのは、諸仏の原形は仏陀釈尊であり（シャカムニ仏、シャカ如来、シャカ族に生れた苦行者――寡黙の人――）、紀元前五世紀頃インドに生きた人である。この正確な年代については多く議論されている。後継者として生れた王族の家族を去ってある期間、当時の多くの隠遁修行者のように厳しい苦行に身を置いたが、それは体を衰弱させるだけだった。そこでその苦行を打ち切り、独自の道を捜し求めた。その道を深めていたときである、ある樹下で系統的な長い観想の末に明晰な真理に到達する。この樹はこの事件を記念して「菩提樹」と名付けられた。それまでのシャカムニは、遠い過去からこの瞬間に到達すべき経歴を辿っていた菩提薩埵《ぼだいさった》（bodhisattva「さとりに至る者」）であった。しかし今やここに完成したブッダ（覚者）と短く呼ばれる仏の一人となったのである（しかしここで注意しなければならないのは、この大文字の「仏陀（le Buddha）」という称号を、後期仏教において絶対の意味を与えた法身仏《ほっしんぶつ》にも同様に使用していることである）。

この釈尊の「覚醒」に居合わせた人々に——伝説によれば神々にも——請われて、まもなく仏陀釈尊は自分の発見した解脱《げだつ》の法を説き始めた。伝統的に残っている「転法輪（法の輪をまわす）」というのがそれである。そうして長い生涯の後——長寿を示す常套の数字で八十歳とされる——輪廻《りんね》の拘束から決定的に解放されて涅槃《ニルヴァーナ》の中に入った。

この世を離れる時、周りで悲しんでいる人々に仏陀は「私はお前たちに法を残す、これがお前たちへの遺産である」と言った。最も優れた弟子たちはこの言葉を基盤にして生きられると確信したが、その他の、とくに世俗の人々は「無仏の世界」の空虚が堪え難かった。このような状況の中で未来の仏弥勒《みろく》の出来《しゅつらい》という希《ねが》いが生じたのである。ある伝承ではシャカムニ仏以前のいろいろな時代に、これと全く同じ経歴の仏がいたとしていて、とくにその最後の六仏が取りあげられ、シャカムニと共に「過去七仏」といわれる一群をなしていた。同様にしてシャカムニ仏の後にもまた将来別の仏が現れるだろう。その第一番目が弥勒であると、彼は今のところ未だ昔のシャカムニに多くの点で似通った菩薩に過ぎないが、と信じられた。この尊格の出来《しゅつらい》——再臨とも言えようか——は時には「第二の釈迦牟尼」とされ、先取って「弥勒仏」とも呼ばれて多くの人の熱心に待つところとなった。

西暦紀元の初頭、仏教社会の一部において慈悲の概念の拡大をもとにして、より多くの衆生に拡げた救済の思想が発達した。この傾向は仏教に第二の息吹をもたらす強力な運動となって頂点に達し、自ら「大乗仏教（Mahâyâna）」と名乗った。

宇宙観も同時に拡大した。すなわち、もはやこの世界のみでなく、宇宙に無限に繰り広げられた世界を考慮に入れるようになった。そして望みをただ時を隔てて現れる仏にのみかけるのでなく、遠い他所の世界に常におられる仏の上にもかけて、そこに往って生れることを希求できる、中国仏教が「浄土」と名付けた所である。例えば西方の太陽が沈む辺りにある「安らかな幸せの国（Sukhâvatî）」、極楽ともいわれる世界では、無量の光に包まれて阿弥陀仏が教えを説いている。

付言しなければならないのは仏陀学――ブッダという概念の見方――も大いに洗練され深められたことである。こうして、昔は生きていたが今は亡き師ブッダの生身のほかに、永久の体、つまりブッダが教えた法と、それが説く深い真理と一体化した、涅槃そのもののように不変の身体を区別した。それが「法身」といわれるものである。法身からはまた栄誉ある幻の身体が発せられていて、それは菩薩だけに授与されていると言われる。

「妙法蓮華経」は大乗仏教創始の元となった経典の一つであるが、この経典の中では釈迦牟尼自体の観念が極めて偉大に称揚されて啓示されている。すなわち、菩提樹の下で真理を知り、後にニルヴァーナに入ったところの生身のシャカムニは、実は衆生を鼓舞するために現れた仮の身体に過ぎなかったと、真の釈迦牟尼は、その正覚《さとり》は計り知れない過去に起ったのであり、実際は「永久に存在」しているのだと語っている。

やがて新しく最も重要な「ブッダ」の概念の展開が密教によってもたらされる。最終的な形になった密教は七世紀以降インドで勢いを増し、八世紀初頭中国に伝わり、日本には九世紀初めに到達した。そしてここに総体的な完全な一仏陀、さとりの本質と同一にして宇宙を表わし、体・言葉・思考（身・口・意）の各々に通ずるところの仏陀が成立したのである。この「汎仏陀」はマハーヴァイロキャナ（大遍照）という名で、その徳は真昼の太陽の如くあまねく照りわたり、日本では大日如来と呼ばれる如来である。

1　釈迦如来――仏教の始祖仏

正覚《しょうがく》の釈迦――正しく完全なさとりに到達した釈迦

釈尊がついに、最高の完全なる真理（さとり）に到達した後の堂々たる座像。こうして説法を始める印《いん》*1、すなわち施無畏《せむい》*2・与願《よがん》*3を組み合わせた説法印を結んでいる。法を象徴する輪を回し始めた、ということで初転法輪《しょてんぼうりん》という印の場合もある。

眉間の白毫、頭頂の隆起は仏陀の相の中に数えられる。台座の蓮華は獅子の背に置かれているが、獅子は王位を表し、その獅子吼《ししく》は、仏陀の逆らい難い真理の威力を表すものである（**図版1**）。

＊1　**印**　両手の指をさまざまに組み合わせて宗教的理念を象徴的に表現すること。

＊2　**施無畏**　三施の一。衆生の種々の畏怖の心を取り除いて安心させ救済すること。

＊3　**与願**　仏が衆生の願を実現してくれること。

参考文献

Alfred Foucher, *La Vie du Bouddha d'après les textes et les documents de l'Inde*, Paris, Payot, 1949, pp. 196 *s*.

『仏像図彙』Ⅱ、四頁。

釈迦立像――優填王《うでんのう》が釈尊を慕って作らせた像の流れ

京都・清涼寺の釈迦本尊は九八五年奝然《ちょうねん》が中国（北宋時代）から持ち帰った釈迦立像で、中国にあったこの像の原像には次のような伝説があった。釈尊はある時、須弥山《しゅみせん》＊1の上の忉利天《とうりてん》に死後再生した母、麻耶夫人《まやぶにん》に逢うために登って行ったことがあったが、釈尊の不在中、下界で待ち侘びた優填王《うでんのう》が栴檀《せんだん》で釈尊に似せた像を彫らせた。それが最初の釈尊像で、それを模して造られた像であったと。日本でもこの清涼寺像と同形の像が多く造られた（**図版2**）（ベルナール・フランク『日本仏教曼荼羅』第七章参照）。

＊1　**須弥山**　仏教の世界説で世界の中心にそびえ立つ高山。

涅槃の釈迦——ニルヴァーナに入る釈迦

「時に世尊《せそん》は右脇を下に、
獅子王の如く、足を累《かさ》ねて臥《ふ》し、
黙想し心乱れず……」

「汝たちに説こう、おゝ修行の者たちよ
一切の万物に永久なるもの無し、これ法なり。
怠らず努めるべし……」

「やがて入った四段の禅定《ぜんじょう》*1（四禅）より出て
その後直ちに、
世尊は滅し給えり」

アジアのすべての仏教国において、大涅槃*2の情景は絵画に、また彫刻に数多く表現された。日本では多くの涅槃図と呼ばれる絵画が残っているが彫刻の例は稀である。とはいえ、奈良時代に造られた法隆寺五重塔一階北の例は有名である。京都に近い亀岡の穴太寺《あなおじ》は涅槃像で知られ、褥《しとね》類が命の危い病人の回復を祈って供えられている。毎年このような涅槃像や涅槃図がとくにまつられる祭事は「涅《ね》槃会《はんえ》」で、旧暦では二月十五日、現暦では三月十三日である（図版5・6）。

＊1　**禅定**　心を静めて一つの対象に集中する宗教的な瞑想。
＊2　**大涅槃**　仏陀の死。入滅。

参考文献

Alfred Foucher, *La Vie du Bouddha d'après les textes et les documents de l'Inde*, Paris, Payot, 1949, pp. 308-314.
David Snellgrove [dir.], *The Image of the Buddha*, Tokyo, Kodansha International ; Paris, UNESCO, 1978, pp. 123 et *passim*, notamment, pp. 392-393.
『仏像図彙』Ⅱ、五頁。

二仏並座（または塔中二仏、一塔両尊）――一塔の中に並ぶ釈迦・多宝如来

『法華経』は大乗仏教の土台となった経典の一つであるが、このお経は伝統的に定着していた信仰の原則を一見くつがえすような啓示を次々と大胆に説き明かしていく筋書きになっている。それを説く仏陀（世尊）は説教を深めるに従い、説得力のある比喩法を用い、またそれを明白に立証する奇跡を現したりする。しかしこの難解な「真実」を決定的に聴衆に受諾させるためには、反論の余地なき「支持者」の出現を必要としたのであろう。そのために過去仏の一如来「多宝如来」が奇跡的に宝塔の中に座して空中に湧出する。この多宝如来は遠い過去にすでに入涅槃しているにもかかわらず、残存するその昔の願の力によって世尊の説教に称賛の言葉を発し、そして彼の傍らに座するように塔中に世尊（釈迦仏）を招き入れる。これが「二仏並座」または「塔中二仏」と称され、日蓮宗では「一塔両尊」

の名で知られる法華経の中のテーマで、中央アジアから東にかけてこの情景を現す作品が数多く作られた（**図版7**）。

日本仏教においては当初から法華経は重要な役割を持っていたが、平安時代に最澄によって天台宗の教理と実践の中軸となった。しかし最澄は広い総合的念願から密教の一部も取り入れ、その部分が重要性を帯びていった。また同様に熱心に阿弥陀の浄土信仰も取り入れた。

このように全てを併合する傾向に反発した日蓮は全力を以って、純粋な法華経信仰に立ち帰ることを主張したのである。そうして日蓮は「妙法蓮華経」五字の上にそれを称える「南無」の二字を加えた七字を中心に、その両側に二仏の名、すなわちそれを説教する釈迦牟尼仏とそれを支持する多宝如来の名を特殊な書体で書いた文字による『法華経大曼荼羅』を作り上げた（他にも菩薩・天王・諸天善神などが書き加えられている）（**図版8**）。

日蓮の没後程なく、後継者たちはこの大曼荼羅を彫像の形に移し変えた。こうして中央の七字「南無妙法蓮華経」を位牌型の塔の中に入れ、両側に釈尊・多宝の二尊を配した「一塔両尊」の形式が成立した。それが広く流布して、文字曼荼羅と共に日蓮宗の寺や個人の仏壇でまつられている。

参考文献

Gaston Renondeau, *La doctrine de Nichiren*, Paris, Presses Universitaires de France, 1953, *passim* et, notamment pp. 180-181 (Publication du Musée Guimet — Bibliothèque d'études, LVIII).
Annuaire du Collège de France, 1981-1982, pp. 587-613；(rééd.) Bernard Frank, *Dieux et Bouddhas au Japon*,

Paris, Editions Odile Jacob, 2000, pp. 85-112.

2　阿弥陀如来——西方浄土の救済者、無限の光と寿命の仏

仏教の視界は大乗仏教と共に宇宙総体を包含するまでに拡大した。それ以来救済の希求は、宇宙十方の無限の距離にある世界において説法する仏たちに向けられていった。人々はその仏の傍らに往って生れることを熱望する。すなわち「仏国土」、中国仏教が「浄土」と呼んだ所である。中でも東方にある「喜楽」という名の仏国土がまずはっきりと現れて来たようである。しかし次いで西方にある「幸せの国（Sukhâvatî）」（極楽）と呼ばれる仏国土がより遥かに大衆的なものとなった。

この仏国土の主であるブッダは二つの名を持っていて、その訳名を無量寿《アミターユス》（Amitâyus）と言い、もう一つの名は無量光《アミターバ》（Amitâbha）という——前者の方が古いらしい——しかし普通はその略音写で阿弥陀と呼ばれる。それぞれ「無量の寿命の方《かた》」「無量の光輝の方《かた》」という意味である。この尊像の起源については諸説があり、一説ではイランにおける無窮の時間と光に関する観念が影響していると見ているが、他説では純粋にインドのものと見ている。大乗仏教の精神の完全なる表現であるところのこの仏陀は、その長い仏陀への経歴のもととなった本願の中で、衆生が自分と共にさとりの道に至らない限

り自らのさとりを受け入れないと誓った。そしてその示した道というのは、全き信頼を以って阿弥陀仏の名を唱え、その庇護を求めれば、それより衆生はすべて救われるだろうと（図版９）。

阿弥陀仏信仰の重要な経典の一つ「観無量寿経《かんむりょうじゅきょう》」には、信者が行じなければならない一連の長い観想[*1]が述べられている。それによると、西に向って夕日の映像を観じ、次いで水の、そして氷の観想に移り、その後様々に光る多くの貴石を、次いで浄土を観想しなければならない。その浄土は高貴な宝飾の葉や花の樹々、鳥たち、池水、妙なる音楽に満ちた宮殿などで、ついにそこに無量の寿命の、目もくらむ光に輝く阿弥陀如来を観ずるようにと書かれている。

阿弥陀信仰は中国において神秘主義を加味し、仏教の中では他に同例がない程熱烈な信仰の流れとなった。日本では早くから知られていたが、本格的に発展し始めたのは平安時代から、天台宗の中においてであった。例えば源信（九四二—一〇一七）が、西方浄土の救済主が雲上に菩薩や天上の楽人と共に現れた光景を見たように、あるいは空也上人（九〇三—九七二）が阿弥陀の称名を唱えて諸国を廻り、「市聖《いちひじり》」と言われたように、天台僧たちによって展開した。

＊1　**観想**　一つの対象に心を集中して深く観察すること。仏や浄土の様相を想起すること。

参考文献

Hôbôgirin : Dictionnaire encyclopédique du bouddhisme d'après les sources chinoises et japonaises, I, Tokyo : Maison franco-japonaise, 1929, pp. 24 et 30.
Henri de Lubac, *Amida*, Paris, Le Seuil, 1955, *passim*.

Okazaki Jôji, *Pure Land Buddhist Painting*, Tokyo, New York, et San Francisco, 1977, p. 98*s* (Japanese Arts Library).
E. Dale Saunders, *Mudrâ*, New York, Pantheon, 1960, pp. 94-101 (Bollingen Series, LVIII).

定印の阿弥陀如来

密教の伝統における阿弥陀像の根本的な姿、印相である。衆生の本性の清浄性を察知し、普遍的慈悲を引き起す妙なる洞察力、「妙観察知」を特徴とする禅定に入っていることを示している。こういう意味を持った精神の集中を表している印相は、禅宗で使われる、または釈迦仏の、指を伸ばし両掌を重ねて置いた定印《じょういん》形とは異なるもので、ここではさらに左右の人さし指を折り曲げて背合せにし、両親指と接し輪を作っている。この印は西方浄土における九種の極楽の最高位である上品上生《じょうぼんじょうしょう》の位に相当する（**図版10**）。

この印を結ぶ阿弥陀のイコノグラフィは一〇五三年平等院鳳凰堂に定朝《じょうちょう》（?—一〇五七）によって見事に表現された。

参考文献

David Snellgrove [dir.], *The Image of the Buddha*, Tokyo, Kodansha International; Paris, UNESCO, 1978, p. 381.

九品阿弥陀

『観無量寿経』によれば、衆生は極楽浄土に往生しても、生前の心がけと修行の如何によって、または悪業の重さによって九種に分別されるという（上・中・下の三等級の「品《ほん》」があり、各等級がさらに三種の「生《しょう》」に分けられる。例えば上品上生、上品中生のように）。

藤原時代に阿弥陀信仰に強く影響されたこのような概念が、九体の阿弥陀を安置する堂（九体堂）の建立を着想させた。こういう堂で唯一現存しているのが京都・浄瑠璃寺である。中尊阿弥陀が最も大きく最も古く（一〇四七年造立とされる）、説法印を結び、他の八体は後に造られたがすべて同じように定印を結んでいる。この時代にはまだ九等級それぞれに付された図像学的な表現が確立していなかった。鎌倉時代末（十四世紀）になって各等級を印相《いんぞう》（仏・菩薩が手に結ぶ印の形）で表す規則が定められた（さらに指摘しておくと、この規則にも二種のヴァリエーションが存在する）。

東京では浄土宗の珂碩《かせき》上人が創立した浄真寺が九品仏で有名で、その九体の阿弥陀像は元禄十一年—十二年（一六九八—一六九九）に造立されている（**図版12**）。

参考文献
『浄土宗大辞典』一、浄土宗大辞典刊行会、一九七四年、九五—九六頁。
『仏像図彙』I、六頁以下。

来迎阿弥陀三尊——座像と立像

西方から救済者の群団が雲上に現れ、浄土に新生することになった信者を迎えるために降りて来る。来迎の完全な表現ではこの一行には多くの菩薩が従っていて、その数は二十五尊にも及んでいる。しかし彫刻においては多くの場合、主尊の他に二体の随行尊に要約され、すなわち阿弥陀にとっての左側に観音菩薩（観音は根本的に西方仏と組み合され、その像の額上に阿弥陀像を頂いている）が信者を乗せる蓮台を捧げ、右側にその対をなして、勢《せい》至《し》菩薩《ぼさつ》が両手を合わせて敬意を表している（図版13）。

平安時代から鎌倉初期にかけて天台宗においてもてはやされた古い来迎のイコノグラフィは、高野山に伝存の素晴しい『阿弥陀聖衆《しょうじゅ》来迎図』（十二世紀末）にも見られるように、多くの場合、主尊は座像で来迎印を結び、二菩薩はその前で跪いている。

立ち姿の来迎像は平安時代からすでに製作されてはいた。もっともその源泉は中国の浄土教伝統の中にあった。しかしこの立像形式が実際に広く流布したのは鎌倉時代のことで、中国からもたらされた宋の新しい影響を受けている。立ち姿の持つ意味について、指摘しておいても良いと思われるのは、天台の「寓宗」[*1]的阿弥陀信仰から離れて「専修念仏」に身を捧げた法然上人（一一三三—一二一二）の好みが立像にあったということである。法然上人の念持仏は三尺の阿弥陀立像であった。また上人に近い弟子たちも同様に、あるいは雲上に立つ金色の阿弥陀像の画を崇めていたし、三尊形式の立像をまつっていた僧もあった。おそらく立ち姿の方が行動的で、坐り姿より来迎仏としての動きをよりよく表現すると見られたのであろうか。他にも「早来迎《はやらいごう》」と言われる、聖衆群が西方から非常な速さで臨終の信者の家に近づく情景の画もよく知られている。

法然の没後には、密教の影響と、西方浄土の伝統的大構図との相乗的影響で、浄土宗の一部では逆行して、座像の阿弥陀が造られるようになった。

＊1　**寓宗**　他の宗に寄寓する宗の意。阿弥陀信仰は以前は天台宗その他の宗の中に含まれていた。

参考文献
光森正士「阿弥陀如来像」、『日本の美術』二四一号、至文堂、一九八六年。
大橋俊雄「法然上人並びにその門流の本尊観について」、『研心学園論集』一九五九年十月、一四二―一五七頁。

3　薬師如来――病苦を治癒する医薬の師

最も古いところの仏典の中で、ブッダ・シャカムニの思考方法は医者が病の診断をし、病因を探り、治療法を処方し、患者を治す仕方にたとえられている。ブッダ・釈尊が治そうとする病は、止まることなく繰り返される生と死の循環の苦しみ、そこから生じる空しい自我への執着とそれが引き起す有害な煩悩、という窮極の病である。しかしこの病は、明晰にそれを自覚することによって、解放され、喜びを取り戻し、治すことができる、ということから時には釈尊に「大医王」という呼び名が使われた。

紀元三世紀の頃、インドの北西、中央アジア地方で、医者として崇拝される独立したブッダの尊像が現れて来た。その名 **Bhaiṣajyaguru** は医薬の師という意味で、「薬師」はその正確な翻訳名である。このブッダはその住所が東方に位置する浄土とされた。つまり阿弥陀仏の浄土と対称の所である。先に述べたように、東方の浄土のイメージは西方浄土よりも以前に明確になっていたのであり、「妙喜世界（Abhirati）と呼ばれていた。この浄土を元来司っていたブッダは「阿閦《あしゅく》如来」という名で、後にも密教では保存されている尊像である。ところが「薬師」という尊格がそこに現れて来ると、この後者が阿閦仏に取って代わるか、またはそれに重なってしまうか、とにかく早々と後者の人気によって影が薄れてしまった。

東方浄土はこの新しい主宰の下に「浄瑠璃世界」という名を与えられた。それはこの薬師が立てた十二の本願の中の一つとして、衆生を照らすために瑠璃のように光る身体を持つことを願ったというところから来ている（一説によればこの貴石はサンスクリット名を **Vaiḍûrya** といい、それが略音写されて **bairuri**→ルリとなったという）。「瑠璃の光を放つ医薬の師」、薬師瑠璃光《やくしるりこう》如来はそうして衆生の心の闇を照らそう、またその光でもって身体の病苦も癒そうと誓言した。

薬師信仰は日本では早くから拡がった信仰の一つである。七世紀から八世紀にかけて盛んに流布し、有名な薬師寺、新薬師寺などが建立された。我々は今でもその素晴しい薬師像を拝観できるチャンスに恵まれている。後に天台宗・真言宗、また禅の臨済宗でも同じく、この病を治す仏陀を崇拝する伝統が保ち続けられ、この仏陀の効験に対する信仰心は民衆の間に深く根を下ろしていった。

光の源として、薬師はとくに目の病に効験があるとされていて、その理由から新薬師寺の薬師像は大きく目を見開いているのだと言われる（図版18）。また日本ではよく薬師をまつるお堂が、湯治に人々が訪れる温泉の近くに建てられていることを付け加えておこう（図版19・20）。

薬師には坐像または立像がある。正統的とされるようになった像容では、左手に「瑠璃薬壺《るりやっこ》」と言われる薬つぼを持ち、左手の方は施無畏印〔恐れを取り除き安心させる印〕を結んでいる。

参考文献

「薬師如来像」、『日本の美術』二四二号、至文堂、一九八六年。
Tajima Ryûjun, *Bhaisajyaguru au Japon*, conférence réimprimée dans le *Bulletin de la Maison franco-japonaise*, Nouvelle série, VI, Tokyo, 1959, pp. 314-323.
Louis Renou, Jean Filliozat et autres, *L'Inde classique, Manuel des études indiennes*, II, Hanoï, Ecole française d'Extrême-Orient, §2332 (dû à Jean Filliozat).
Raoul Birnbaum, *The Healing Buddha*, Boulder, Shambala, 1979.
『仏像図彙』Ⅱ、4オウ。

薬師三尊――十二神将

すでに述べたように、薬師の象徴的意義は大部分、阿弥陀と同様に光の象徴である。したがってこの仏陀に組み合されている尊たちは、天体・時間・宇宙空間などに関係していても驚くに当らない。

最も近い脇侍《きょうじ》として薬師の左手には日光菩薩、右側には月光菩薩が侍っている。この両菩薩は多くの場合、蓮茎のような枝の先にそれぞれその天体を表す円体を持って表現されている。菩薩という尊格名によって、おそらく古代インドの太陽の神（Sûriya 日天）と月の神（Candra 月天）が大乗仏教の中に転置されたものと思われる（**図版21**）。

この二菩薩の他に十二神将《しんしょう》が付け加えられている。「神」という語は多くの場合むしろ「ジン」と発音されて、仏教用語ではサンスクリット **deva** から翻訳された「天」に比して下位の神々をさす。すなわち、地方の局部的な信仰の神々、野生や水生の精霊、時には鬼霊に近い存在である。主にインドの **Yakṣa**（ヤクシャ——日本では薬叉《やしゃ》－神《じん》）を言い示していて、ほとんどすべての多かれ少なかれ恐るべき、または好意的な精霊の類を網羅している。彼らは自然の中に拡散して住んでおり、そして仏教に帰依して守護神となって、その多くは強暴な本性を持っていただけにますます強い効果を発揮するのである。この鬼霊でありながら守護神に改信した薬叉類が薬師仏の回りを取巻いているのが十二神将で、重要な大将の位を持つ夜叉たちである（**図版22**）。

十二という数は薬師が立てた本願の数であるが、一年の十二カ月、一日の十二時《とき》にも関係し、また薬師仏の功徳が発揮される十二の場所にも関係している。平安時代から、この神将たちは十二支獣と結び付けられ、その尊像にはそれぞれに相当する獣が額上につけられていることも付言しておこう。

参考文献
『仏像図彙』Ⅳ、1オウ。

4 大日如来――密教における至高尊、遍ねく宇宙を照らす

大乗仏教が現れる以前より、仏教思想のある流派の中で重要な一つの概念が明確に形成されつつあった。それはブッダという真理に目覚めた者の姿の向うに、彼らが説き明かしたその真理自体であるところの「法」という「本質の身体」が存在するという考えであった（「法身 dharmakâya」、如来部の解説参照）。さらに先へ先へと止まることなく、一切の二元論的思考を超越した論理で進んだ結果、一つの、あらゆるものに通じる同一性が、たとえ仮象の幻影の中にさえ、あるという概念が引き出されるに至ったのである。そしてその普遍的同一性を、ある人々は「空」と呼び、また別の人々は「真如（事物のありのままの如き様態）」と呼んだが、しかし結局そこに「ブッダの本質（法身）」というものを認知したのであった。

このような成熟した思想環境の中で、真言宗の教理に辿り着く諸要素が発展したのであり、それはインドにおいて七世紀時代を通じて開花した。それらのことは遠くは、（神秘な）言葉の持つ威力に対す

る古代ヴェーダ信仰の中に先行現象が見られるし、また同じように原初の巨聖に関するいくつかの、宇宙開闢の表象にも垣間見ることができるものである。ここに現れて来た仏教形態の中では、我々の自己本質は、そこに宇宙が完全に再現されている小宇宙であるという、この仏教以前のインドの思想が再び見出されるのであり、その構造的類似性という理由のみならず、本性の根本的な同一性の故に、究極の実在として、我々の自己本質は仏陀の本質と同一性であると考えられたのである。このブッダ（法身仏）の、その光る純粋な「智」は金剛《ヴァシュラ》──雷光でありダイアモンド──のシンボルで表され、またその隈なく行き渡る大慈悲は、母と平等のシンボルである蓮華によって表現され、「マハーヴァイロカナ（Mahâvairocana）」（偉大な、すべての方向に光り輝くもの）＝大遍照《だいへんじょう》という名を持ち、日本では大日如来と呼ばれる。

「三密《さんみつ》」といわれる根本原理は、衆生が為している三種の行為、すなわち身の、口（言葉）の、そして心（思考）の動作のことで、それは知らず知らずの中に、〔本質の〕仏陀の三種の行為に相応していると言われる。世界は、その物質的要素においても精神においても共に、それを満たし、それに生命を吹き込んでいるのは大遍照大日如来である。しかしふだんは誤謬で精神の曇っている衆生がこの真理の認識に到達するには、理論的にそれを学ぶだけでは足りないのであり、さらに経験によって実際にそれを把握しなければならない、「即身」で。そのためには、信徒はそれを段階的に教育する師の元に身を置き（そこにこの教えの秘儀伝授的な性格がある）、秘密相伝の形を通じて──それは原理であるが同時に実践である──それによって仏陀との同一性を確立する三種の動作を行じなければならない。すなわち身で行うのは主として腕と手で印を結ぶことであり、口で行ずるのは、音と意味の中に物の神髄が凝縮している言葉、すなわち真言《マントラ》を唱えることであり（真言宗の名の所依《しょえ》）、心に関しては観想を行ずることにある。以上のような行いの実践のために、場合によっては、中心に向けて回遊的に、そして方形的に、必要な方向性をもって配置された構図、換言すればマンダラ、の視覚化が拠り所として使われる。

しかしマンダラの役目はこのような使用に限られたものではない。真言宗、また天台宗においても（すでに述べたように、天台宗の中には密教的教理が大きく含まれている）、根本的な二大マンダラがあり、一つは「大悲胎蔵曼荼羅」、略して「胎蔵曼荼羅」と言われ（次の金剛界、と相似にするために古くから胎蔵界とも言われている）、今一つは「金剛界曼荼羅」と言われるが、胎蔵の方はすべての衆生に生まれながらに平等に具わっているさとりの本源を表象し、金剛界の方は、人々がそれぞれに修行の功徳によって最後に到達する「智（認識の力）」を表現している。この彩色の大画面は、密教儀式の場において、前者は東に後者は西に、向かい合って置かれる。これは二画面でありながら――そしてそのために両部という語が使われるが（ここでも習慣的に古くから両界と言われているが、単なる類比に基づいたものである）――、これは二つのものではない、なぜならばそれは一つのもの、すなわちさとりの、その源泉と完成の現実を表現したものだからである。

この両マンダラのそれぞれ中央に、大日如来の尊像が位置している。祭壇にとって左（向っては右）に置かれる胎蔵曼荼羅の大日如来は「法界定印」という、両手の指を伸ばして重ね、親指の先を接する印を結んでいる（禅宗の印に近い）（**図版25**）。祭壇にとって右側（向って左）の金剛界曼荼羅の大日如来は智《ち》拳印《けんいん》といわれる印を結んでいる（図版26・27）。これは左手の人差し指を立て、右手を以ってその指を握る形で、行者が大日如来と究極的に一体化した姿を象徴するものである。

一切の仏たちをも含めた万物の源泉であり、そして帰結（到達点）である大日如来は、そのあらゆる存在に卓越した印しに、荘厳され宝冠を着けた姿で表現されている。

参考文献

Tajima Ryûjun, *Les Deux grands mandalas et la doctrine de l'Esotérisme Shingon*, Bulletin de la Maison franco-japonaise, Nouvelle série, VI（1959).

Annuaire du Collège de France, 1982-1983, pp. 610-621; 1983-1984, pp. 659-691;（rééd.）Bernard Frank, *Dieux et Bouddhas au Japon*, Paris, Editions Odile Jacob, 2000, pp. 119-130 et 131-166.

Sawa Takaaki（= Ryûken）, *Art in Japanese Esoteric Buddhism*, New York-Tokyo, Weatherhill/Heibonsha, 1972.

Ishida Hisatoyo, *Esoteric Buddhist Painting*, transl. and adapted by E. Dale Saunders, Tokyo; New York: Kodansha International; Shibundo, 1969, *passim*.（石田尚豊「密教画」、『日本の美術』三三号、至文堂、一九六九年）。

Bernard Frank, *Le panthéon bouddhique au Japon — Collections d'Emile Guimet*, Paris, RMN, 1991, p. 170 *s*.

『仏像図彙』Ⅱ、3ウ。

第二章　菩薩部——仏陀になる運命にありながらこの世の救済につくす尊

図版１　弥勒菩薩（稱名寺・神奈川県）

図版２　弥勒菩薩（金胎寺《こんたいじ》・京都府）

図版３　弥勒菩薩
（常楽寺・四国札所第 14 番・徳島県）

図版４　聖観音（光觸寺《こうそくじ》・神奈川県）

図版５　聖観音（天台寺・岩手県）

図版６　十一面観音（杉本寺・神奈川県）

図版 7　十一面観音（東大寺二月堂・奈良県）

図版８　千手観音（立木《たちき》観音）
（中禅寺・栃木県）

図版 10　座像千手観音（葛井寺《ふじいでら》・大阪府）

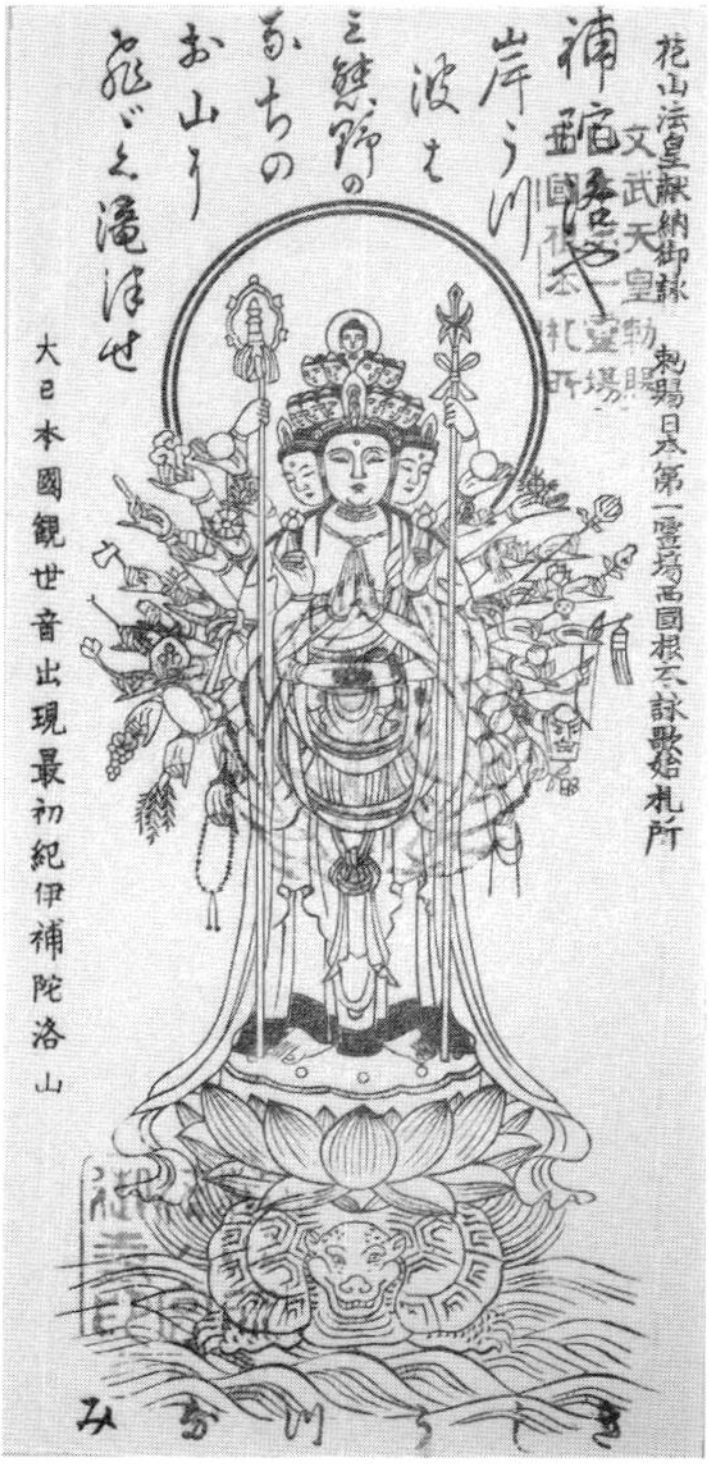

図版 9　千手観音（補陀落山寺《ふだらくさんじ》・和歌山県）

図版 11　如意輪観音
（那智山青岸渡寺《なちさんせいがんとじ》・西国札所第１番・和歌山県）

図版 12　如意輪観音（三井寺《みいでら》・西国札所第 14 番・滋賀県）

図版 13　如意輪観音
（頂法寺《ちょうほうじ》六角堂・西国札所第 18 番・京都府）

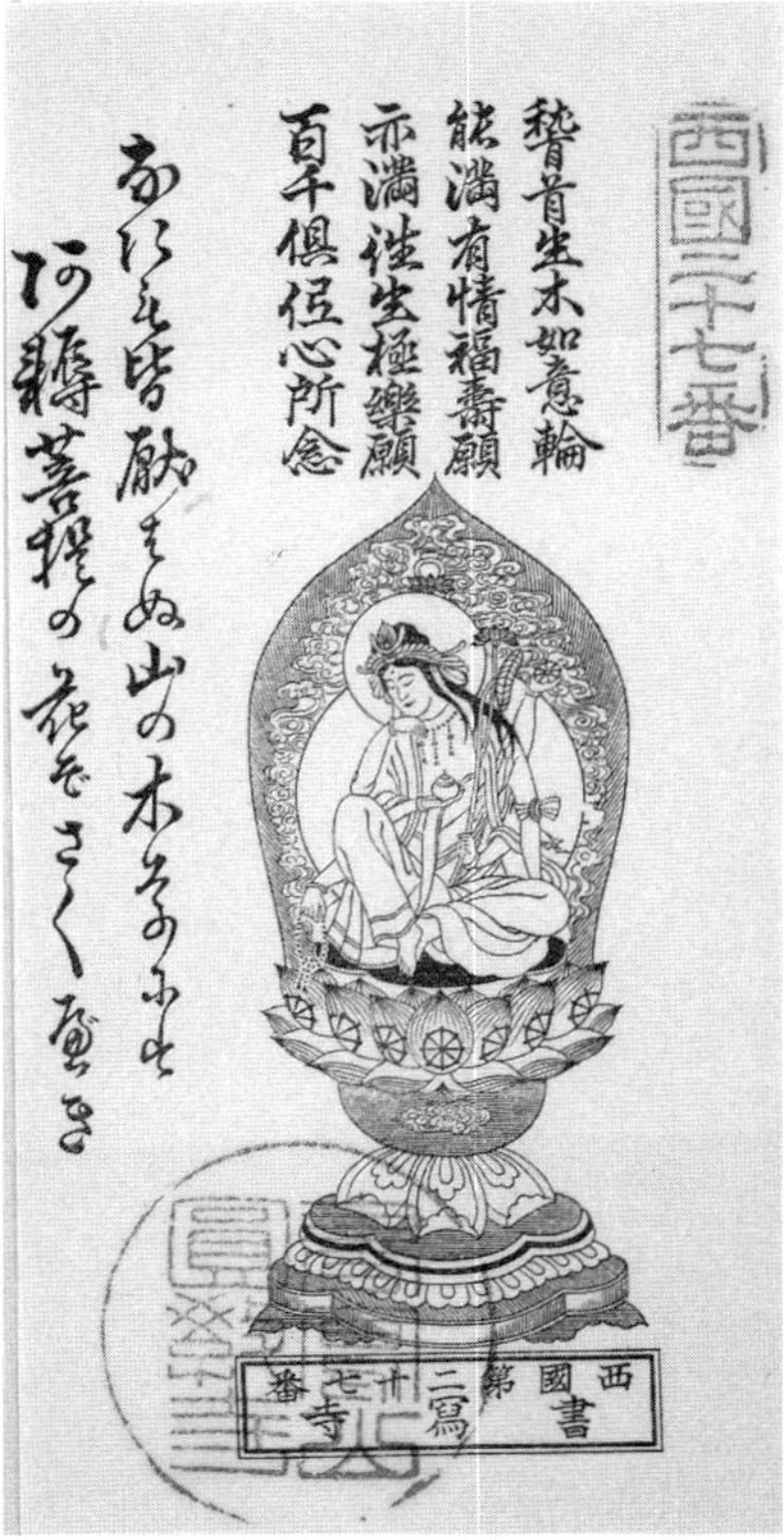

図版 14　如意輪観音
（書写山円教寺《しょしゃざんえんぎょうじ》・西国札所第 27 番・兵庫県）

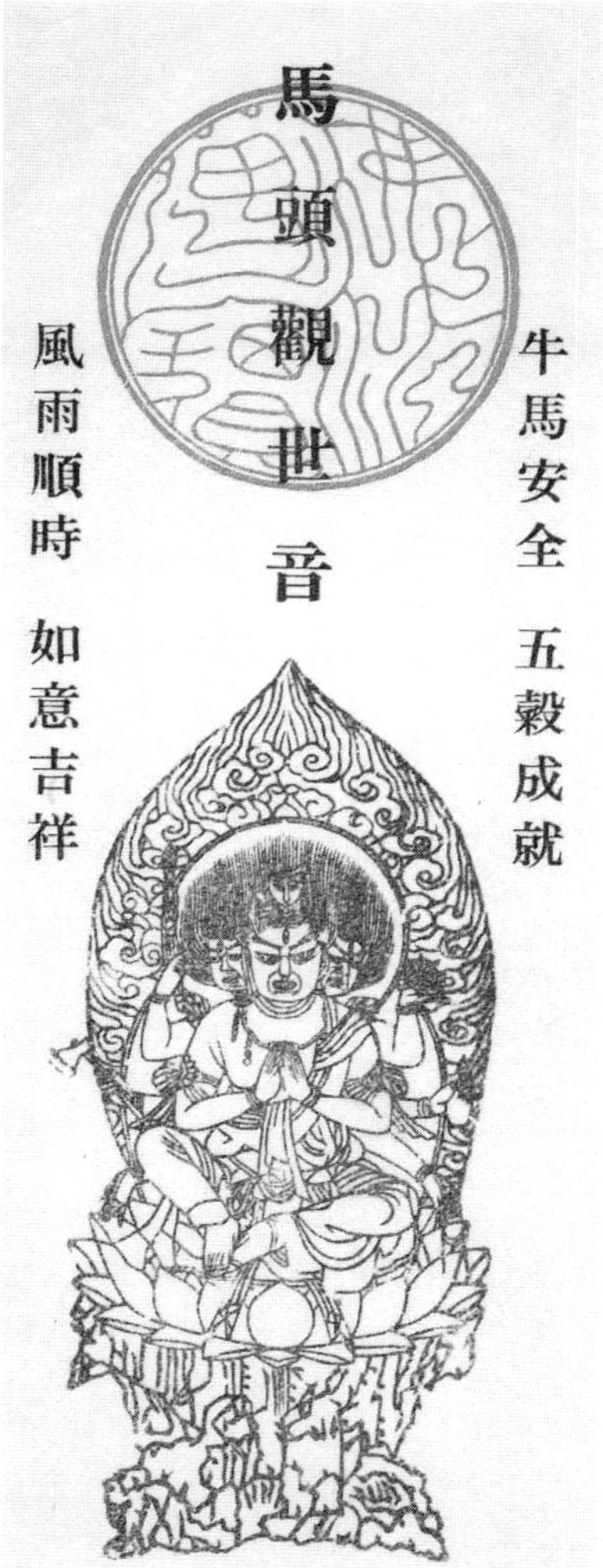
牛馬安全　五穀成就
馬頭觀世音
風雨順時　如意吉祥

図版 15　馬頭観音（三仏寺《さんぶつじ》・鳥取県）

図版 16　馬頭観音（上岡妙安寺・埼玉県）

図版 17　馬頭観音（妙光院・兵庫県）

図版 18　准胝観音《じゅんでいかんのん》（醍醐寺・西国札所第 11 番・京都府）

図版 19　白衣観音（蔵泉寺《ぞうせんじ》・三重県）

図版 20　魚籃観音《ぎょらんかんのん》（霊源院・長崎県）

図版 21　魚籃観音（三田山《みたさん》浄閑寺・東京都）

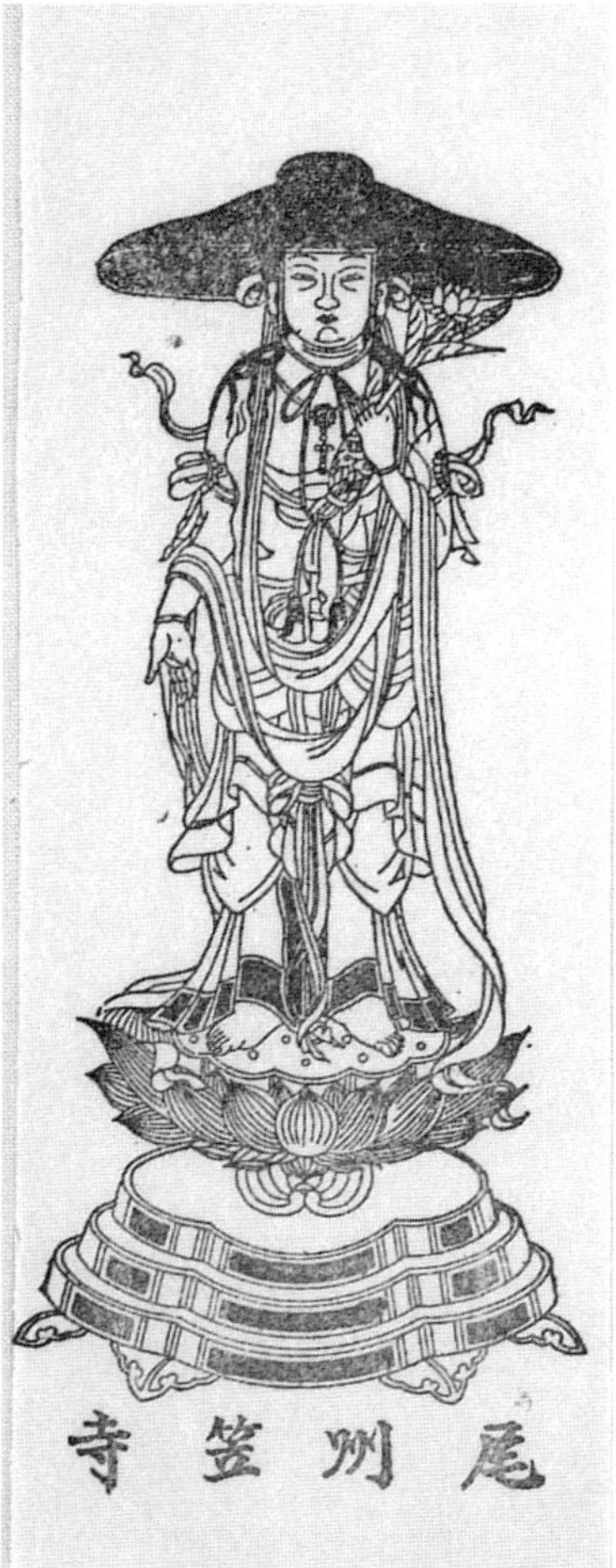

図版 22　笠観音（十一面観音）
（笠覆寺《りゅうふくじ》、通称笠寺《かさでら》・愛知県）

図版 23　招福観音（招き猫）
（豪徳寺・東京都）

図版 24　大勢至菩薩（鑁阿寺《ばんなじ》・栃木県）

図版 25　観音・勢至菩薩（松尾院・山形県）

図版 26　天の橋立文殊菩薩（智恩寺・京都府）

図版 28　亀岡文殊菩薩（大聖《だいしょう》寺《じ》・山形県）

図版 27　安倍文殊菩薩（安倍文殊院・奈良県）

図版 29　智慧文殊（文殊仙寺・大分県）

図版 30　文殊菩薩（大長寿院・岩手県）

図版 32　普賢延命菩薩
（常覚寺・奈良県）

図版 31　普賢菩薩（東大寺四月堂・奈良県）

図版 33　日本三虚空蔵菩薩
（金剛証寺・三重県）

図版 34　日本三虚空蔵菩薩（円蔵寺・福島県）

図版 35　虚空蔵菩薩（清澄寺《せいちょうじ》・千葉県）

図版 36　日本三虚空蔵菩薩（嵯峨法輪寺・京都府）

図版 37　地蔵菩薩（椿寺地蔵院・京都府）

図版 38　**身代り地蔵尊**（延命寺・神奈川県）

図版 39　**とげぬき地蔵尊**
（巣鴨高岩《こうがん》寺《じ》・東京都）

図版 40　延命地蔵尊（法雲寺・福井県）

図版 41　安産子育地蔵（宝戒寺・神奈川県）

図版 42　猫面地蔵尊（自《じ》性《しょう》院《いん》・東京都）

菩薩は菩提薩埵《ぼだいさった》の略でbodhisattvaの音写語である。意味はすでに述べたように、「さとりに至る者」または「さとりが定められている者」である。この言葉は解脱への道を志してすでに高い次元にまで進み、解脱を得るのはもはや確実である者、問題はその完熟のみという者をさしている。

初期の仏教においては、この言葉はさとりに至る以前のシャカムニそのものの称号となっていたことはすでに述べた通りで、それは伝承によれば、絶えず完成への努力を続けたとされている無数の前《ぜん》生《せ》のシャカムニにも当用された。次いでこの言葉は、とくにシャカムニの後継者で、昔のシャカムニのように今は菩薩の状態で正覚《しょうがく》の時を待っている弥勒に対しても使われた。

大乗仏教になると、先に指摘したように慈悲の理想が大きく展開し、菩薩の概念もまた非常に重要性を増していった。大乗仏教における菩薩は未熟のブッダというよりも、この世の苦しみをやわらげるために完全に自己を捧げた存在とされている。しばしば言われるのは、菩薩というものは他の衆生が救いを得ない限り自身のさとりも放棄しているということである。大乗仏教では初期仏教において未知であった数多くの菩薩について語られるが、その中で最も重要な、全菩薩の典型とも言えるのは、観音菩薩（Avalokiteśvara）であろう。

大乗においてはしばしば菩薩は仏と組み合わされ、その助手の役目、その使者の役目をなしている。

またこの関係はとくに一定の仏と結ばれていることもあり、その場合は、その仏の活力の表われだと言われる。阿弥陀仏に結ばれた観音菩薩がそのような例である。

1　弥勒菩薩――遠い未来に新仏陀として現れ、世を刷新する尊

前に述べたように、釈尊が涅槃に入った後、仏教徒は今や「無仏」となったこの世界の喪失感を癒す対策を、すでに早期に考え始めた。それはまず始めは、スツーパ（仏舎利塔）祭祀のみに依っていた。スツーパは師釈尊の遺骨に接する所であり、遺骨の存在そのものに師の確実な継続性を感知し、またそれが救いをもたらしたのであった。やがて後には別の道が試みられるが、それは思い切り未来を指向したものだった。人々は次のように考えたのである。シャカムニから遥か遠ざかった昔に、先駆者として彼のような仏陀が存在したと言われるが（過去仏）、同様にして未来においても後継者となる仏陀が、もちろん未だ遠く先のことだが、当来して、その未来の仏がすべての事を良きに刷新するはずであると。この未来の「新シャカムニ」、この救済者の名はすでに決まっていて、「マイトレヤ（Maitreya）」、日本では「弥勒」と言われる（この転音写の歴史は殊のほか複雑であるが、意味は「友愛」で、中国では「慈氏」と言われた）。そして時が来ればいかにして弥勒もある樹の下でさとりを得るかということが語られた。しかし今のところ、弥勒はその昔の先駆者〔シャカムニ〕のように、「天」の身分で最終段階の生命に生まれ

変る時を待っている菩薩に過ぎないと。そして「喜足《きそく》」（Tuṣita 兜率天《とそつてん》）と呼ばれる所で、快適だが、あらゆるもののように、いつかは終るべき命の神々の一員として過ごしていると考えられた。

したがって神々や、またその人間界のレプリカである王と同じく宮廷に君臨し、宝冠を頂き、着飾って表現されていた。つまりシャカムニが同じ「天」の条件の中にいた時と同様である。またそれは最後の生涯の青年期に、父の王宮を去って苦行者として生きる決心をする以前のシャカムニの装束でもあった。というわけで、一切の装飾を取り払った姿で表現される仏陀とは異なり、菩薩は普通、荘厳され冠を着けた姿になっている（ただし後に現れた仏教観によって、宇宙最高のシンボルをアピールしている仏陀、大日如来に関してのみは別である）。

後になって対抗することになる西方浄土信仰は、救いを我々の世界と別の所（阿弥陀の浄土）に求めることを主張したが、それと異なり、弥勒の当来はこの現世そのものを救い、再生すると予告していた。それゆえに諸々の国で、とくに中国では――また日本でも、全く異なった状況においてであるが――国家権力を悩ますほどの救世主待望運動の誘因となった。この社会的な反響と騒動はともかく、弥勒当来への期待は、宗教的には仏教信仰史の最も豊かな一面と観じられよう。

朝鮮半島で非常に盛んであった弥勒信仰は、すでに六世紀末以前に日本にもたらされていた。半島の仏師たちによって、芸術的、精神的に高度な洗練に達した美しい弥勒像のタイプは有名であるが、渡来仏師たちによって日本でも引き続いて製作され、広隆寺（京都）の半跏思惟像《はんかしい》などがその最も完成された美の一例である。七世紀に盛んであったこのスタイルの像形は次の時代には廃れていった。それに反して、初期にはむしろ稀であったがより長く維持された弥勒像の形があり、それは将来仏陀となることを見越して、菩薩を弥勒仏または弥勒如来とした像容である。しかし密教ではまた別の、持塔を特徴とする形式があり、それが主流となっていくが、もっぱらそれのみでもなく、それほどにこの尊像のイコノグラフィは多様である。

シャカムニの後継者と、この仏塔――すなわちシャカムニの存在と教えの、この世界での継続を象徴するもの――とのつながりは決して驚くべきことではない。密教においては、この弥勒の持物《じもつ》の塔はとくに五輪塔の形を呈することが特徴で、これは大日如来自体の象徴となっているのであり、大日如来はシャカムニが絶対界に投影されたものに他ならないのである。しかし塔は他の形のこともある。この塔は時には宝冠に、また光背上に取り付けられており、場合によっては手に持つ蓮茎《れんけい》の開いた花冠の上に置かれている。東寺曼荼羅の菩薩群の中では、弥勒菩薩の定印《じょういん》に結んだ両手の上に軽く浮くように置かれている（図版3）。

参考文献

Etienne Lamotte, *Histoire du bouddhisme indien — Des origines à l'ère śaka*, Louvain, Publication universitaire, 1958, pp. 779-788 (Bibliothèque du Muséon, vol.43).

Maitreya, the Future Buddha, recueil collectif édité par A. Sponberg et H. Hardacre, Cambridge University Press, 1988, *passim*.

J.-P. Berthon, *Omoto, Espérance millénariste d'une nouvelle religion japonaise*, Ecole pratique des Hautes Etudes Ve section, Paris, 1985, pp. 130-131.

David Snellgrove, *The Image of the Buddha*, Serindia Publications, UNESCO, 1978, *passim*, notamment, pp. 228, 243, 246, 397.
『仏像図彙』Ⅲ、1ゥ。

2　観世音菩薩――偉大なる慈悲のシンボル

これこそは、おそらく最も高度に、最も完全に、大乗仏教における菩薩というものの理想を体現した尊格であろう。「アヴァローキティーシュヴァラ（Avalokiteśvara）」という名について議論されてきたすべてをここで要約することは不可能である。ある時にはこの名の中にサンスクリットの一つの語根**LOK-**、「注視する、考慮する」という意味があると見られ、ある時には「輝く」という意味の語根**RUN-**があると考えられた。そこに**ava-**という、上から下へとなす行為を示す前置辞がつくことによって、いわば上から願いを聞くということになるだろうか。またこの名の中に**loka**「世界」という言葉が**svara**「音、声」と、あるいは、**śvara**「尊い方」と組み合わされて入っているのが見つけ出された。そういうところから、昔の中国の翻訳者においてすでに、次々と幾つかの解釈が存在したわけである。その中の二つの名が日本で定着しており、それが観自在（下界を観ずる尊い方）と、そしてとりわけ観世音（世の音（声）を聞き取り配慮する方）であり、これが観音と略された形で一般化した。

観音は「慈悲」そのものである。あるお経では「大威神力の慈悲を持つ」ものと叙述している。しかし観音は慈悲と共に、「智」という仏教の今一つの枢要徳目の化身ともなっているのである。この尊格は初期仏教においては知られておらず、それが現れて来たのは紀元前後の頃であった。その姿の中には、とくにブラーマ神から生じて来たと思われる特徴が認められたし、また他にシヴァ神の持つ特徴を認める説もあった。ある人々はより遠く遡り、観音と密接な関係のある阿弥陀と同じように、その起源を古代イランの信仰の中に見出そうとしている。観音は仏教と同時に日本に入った諸尊格の中の一尊である。その時点から、人々と宗派全般の――浄土真宗だけが例外となるのだが――熱心な信仰の対象となった。

上述したように、観音は阿弥陀と組み合わされていて――これはインドにおいてすでに多くのアヴァローキテイーシュヴァラ像がそうなっているのだが――、しばしば阿弥陀の像を額の上に頂いて表されている。また阿弥陀来迎図にしても、観音は西方仏に従う聖衆の中に欠かせない一員になっていることはよく見られる通りである。こういうわけで、浄土教一般では阿弥陀への仲介者として観音信仰は極めて重要である。浄土真宗が観音を取り入れていないというのは、この宗では阿弥陀仏本体しか、祈りを捧げる対象として認めないというのが理由であり、すべての他の仏や菩薩への祈願は、阿弥陀に差し向けられる祈りの中に含まれていると見なすからである。

参考文献

Marie-Thérèse de Mallmann, *Introduction à l'étude d'Avalokiteçvara*, Paris, Musée Guimet, 1948 (Bibliothèque d'Etudes).

聖観音――観音菩薩の根本形

聖観音のサンスクリット名はÂryâvalokiteśvaraで、アヴァローキティーシュヴァラ（観音）の前にÂryaが付された語である。このâryaという語は、元はこの菩薩の本性の高貴さ全体に対して与えられた語であった。したがって初めは「高貴なる」または「聖なる」アヴァローキティーシュヴァラを意味し、聖観音はそれに相当する翻訳である。次いでこの尊格の他の形が現れて来た時、それらの観音と区別して、「聖」は最も古い形態の、最も基礎的な形を残すと考えられる観音を示すために使われた。時には同音の「正」という字を〝正しい〟という意味で代わりに使うこともあったが、この使用は一般的には残らなかった。

日本においても、最初期に知られた観音菩薩のイコノグラフィの例はすべて聖観音であった。奈良薬師寺の有名な青銅の大観音、またそれに劣らず有名な法隆寺に伝存する百済観音がこのタイプに属している。しかし同じく聖観音像と言われていても、必ずしも手の位置や持物は常に同一ではないことを指摘しておく必要がある。手は説法相、片手に蕾蓮華を持つことが多い（**図版4**）。

聖観音は六観音の最初に挙げられていることを付け加えておこう。

参考文献
David Snellgrove, *The Image of the Buddha*, Serindia Publications, UNESCO, 1978, p. 247.
『仏像図彙』Ⅱ、12ゥ。

十一面観音——すべての方角に面を向けて世の声を聞く

インドで六・七世紀の頃から、ヒンドゥー教の影響が、仏教の中に多面多臂を持つ像容の出現をもたらしめた。それは尊格の持つ奥深い本性と功徳の種々相を、具体的かつ可視的な方法で表現することを意図したものである。観音菩薩においてはことに、日本で「変化《へんげ》観音」と言われるこのジャンルの形が発展した。その中の第一は十一面観音である。

この十一という数については、伝統的にさまざまな解釈が提起されて来た。最も根本となっているのは、この菩薩の周到な心配りがあまねく行き渡って存在するという思想によるものである。法華経の有名な表現によれば、観音は「至る所に顔を向けている」、「すべての方角に門を持っている（普門）」。十一面の中の十面は主なる四方角とその中間方位、そして天頂とその対極の下方を指している。十一面目は頭頂にあり、前記の十面を総括し、最高のさとりの場を意味するものである。これらの顔の配置の仕方は一定しておらず、ある像ではピラミッド型に、また場合によっては冠のようになっている。

最も典型的な並べ方は、顔面の表情から見れば以下のように分配されている。まず三面が微笑を浮べて、この世に行われている善き事の前に菩薩の穏やかな喜びを表わし、三面が忿怒の表情を持って、この世でなされる悪事の前での怒りを意味し、三面が唇を噛んだ牙歯を見せて表わされ、これは努力の必要を思わせるようになっている。そして最後に後にある一面は、多少不気味に、高々と気分をほぐす大笑いをしている。頂上にある面はほとんどの場合、仏陀の表情をしている。この頂上面と、小さな光背の阿弥陀立像とを混同してはならない。この額の上の小立像は、観音菩薩と阿弥陀仏との特別な関連を想起させるためのものである（図版6・7）。

左手には蓮華の入った水瓶を持ち、右手は願を叶える与願印《よがんいん》を結んでいることが多い。十一面観音は上に述べた六観音の一尊であることを付け加えておく。

参考文献

井上靖『十一面観音』平凡社ギャラリー、一九七三年。
『仏像図彙』Ⅱ、12ウ。

千手観音——無数の手を以って衆生を導き救い給う

これはまさしく、また別の形に変化《へんげ》した観音である。その名が示すように、この観音は原則として千本の手を備えた姿を呈していて、いくつかの像は実際にそのように表現されている（図版10）。奈良の唐招提寺に造立された乾漆の巨大な像の場合がそれである。しかし普通はこの千という数を四十二、または二十四の数に減少するのがしきたりになっていて、三十三間堂の千体観音に見られる通りである。四十二に減少される時は、主なる二本の手を別にして、残りの四十本がそれぞれ二十五本の威力を備えていると説明されている。それぞれの掌には一眼が描かれており、実はこの形姿の観音の正しい呼び名は「千手千眼《せんじゅせんげん》観世音菩薩」である。この眼は事物を明らかに見ることを意味し、言い換えればこの菩薩の智慧を現し、手はその行為という意味を持ち、千は無限を示す数である。ほとんどの千手観音像では、多くの手に持物を持っていて（上記の三十三間堂の千手観音もそうである）、もちろんそのすべてに意味があり、すなわち、説法・戦い・加護・捕獲・勝利・扶養・治癒・願成就・施無畏（恐れを取り除く）・禅定・敬意・明晰・全知・正覚（正しいさとり）・自性仏性（生れながらに持つ仏性）などを言い表わしている。そのそれぞれの象徴的意味は非常に複雑で、さまざまなレヴェルに解釈されうるものであろう。

千手はまた、必ずしも常法ではないが、多くの場合十一面と組み合わされた形になっている（**図版8・9・10**）。

千手観音もまた六観音の一尊である。

参考文献

猪川和子「観音像」、『日本の美術』一六六号、至文堂、一九八〇年。

「唐招提寺」二、『奈良六大寺大観』第一三巻、岩波書店、一九七二年。
『仏像図彙』Ⅱ、12ウ。

如意輪観音——意の如く願を満たす宝珠と法輪を持つ

日本で奈良時代末頃に知られたこの尊容様式は、先項の諸観音より後期の成立になる観音であって、やがて真言宗・天台宗と共に圧倒的影響を持つようになるところの、精錬され系統立てられた密教の伝統を反映しているものである。

いくつかのヴァリエーションが存在するが、なかでも最もよく知られているのは、ここに挙げるような姿、つまり「輪王座《りんのうざ》」といわれる形で、左足は水平に折り、右足を立膝にして坐した姿勢をとっている。六臂である。首を思案気に傾け、右手で頬杖をつき、立膝にその肘をついている。この尊形の名に相当する持物の一つは、右第一手に持つ如意宝珠、意の如くに願いを叶える神秘な宝珠で、先が細った光を発する珠の形をしている。そしてもう一つの方は、肩の高さまで上げた左第三手に持っている輪で、これは法輪、すなわち仏の教えそのもののシンボルに他ならない。またこれは煩悩を打破する投げ道具とも解釈されている（図版11～14）。

日本で最も有名な素晴しい如意輪観音像は大阪近郊の観心寺にまつられる像で、九世紀中期の作にもかかわらず、その彩色に破損もなく、年に一度の御開帳で伝存されている。「如意輪は人の心をおぼしわずらいて、つら杖つきてなげき給うが、いとかたじけなくあわれなるなり」と『枕草子』（前田本）

にはある。
如意輪もまた六観音の一つとなっている。

参考文献

『密教美術大観』第二巻、朝日新聞社、一九八四年、一四四頁以下、とくに一五八頁。
『仏像図彙』Ⅱ、13。

馬頭《ばとう》観音——動物をも救済する馬頭の観音

この観音の姿は他の諸観音と大いに異なり、髪は逆立ち、その中から馬の頭が現れ出ているという様相を呈している。表情は明王を思わせる忿怒の相を見せているが、またそれは明王たちと同じく、荒々しい外貌の下に、煩悩に束縛されて苦の世界に留まっている衆生に対する慈悲を現しているのである。菩薩とされずに、この尊格は時には馬頭明王と呼ばれることもある（この両尊格の間の分別が時には流動的である）。この尊像は三面を持ち、そのそれぞれに三眼があり、そして八臂である（しかし六臂または二臂の変形もある）。

馬が古代インドの神話・祭儀において重要な役割を演じているのは衆知のことである。仏教説話の中では、時には馬頭の人喰い鬼として（それは日本で地獄のイコノグラフィの牛頭《ごず》・馬頭《めず》に見られるように）思い描かれ、また時には反対にバハラ馬のように、人喰い鬼に喰われようとする遭難者を海を渡って助け戻すという救済者として想像された。そして古伝承によれば、実はこの馬は、シャカムニ仏の幾多の前世の一つであったと。しかしこの説話のさらに後期の異話では、この馬は観音の化身であったとされている。

この両側面、つまり善意と悪意の二重性格を持つハヤグリヴァという馬頭の神に、ヒンドゥー教ではヴィシュヌ神の一形態と、同時にこの神の恐るべき鬼性を見ていたのである。したがって馬頭観音のイコノグラフィの中に両義的な曖昧さが保たれていても驚くには当らない。それはハヤグリヴァが、常に効果的に救済しようと化身していく観音菩薩の姿の一つに同化した結果なのだから。

仏教は人間の救済のみに専念する宗教ではなく、あらゆる生き物の救済に心を配る宗教である。馬頭観音は六観音の中でも、なお特別に動物として生れたものの救済に携わる観音である。そういうわけで、民間の習慣ではことに動物を扱う人々に、馬のみでなく、牛を飼う人々や養蚕業者にも同様に崇められていた。今でも日本の山野にはこの観音の石像が散見される（図版15〜17）。

参考文献

Hôbôgirin : Dictionnaire encyclopédique du bouddhisme d'après les sources chinoises et japonaises, I, Tokyo : Maison franco-japonaise, 1929, pp. 58-61.

『密教美術大観』第二巻、朝日新聞社、一九八四年、一三九―一四三頁。

R. H. Van Gulik, *Hayagrîva, The Mantrayanic Aspects of Horse-Cult in China and Japan*, Leyde, E. J. Brill, 1935, *passim.*

『仏像図彙』Ⅱ、12ウ。

准胝《じゅんでい》観音——不純と清浄の経験の化身

六観音の中、この観音だけが本性が女性である。

准胝《じゅんでい》という漢字音写では、原語サンスクリットがCundiまたはCunde（Cundiの呼格）であることが明らかではない。日本密教の伝統では、この議論の的となっている名の意味を「清浄」と解釈している。しかしインドのチュンディという語は、「売春婦」という全く反対の意味を持っているのである。タントリズムの伝統——ここでは日本の習慣に従って密教と呼ぶが——では、そのパンテオン（礼拝諸尊）の中に、全く多くの不浄を連想させる神々を受け入れるという方針をとったことはよく知られている。それはすべての一元的態度から超越して、肉体と精神の全エネルギーを真の覚醒《さとり》のために使う必要性を示そうとするものであった。

清浄性と不浄性の経験の化身であるこの女神チュンディは、精神を浄化し得る呪《じゅ》（真言）の保持者であると言われて、そのために「七倶胝仏母《しちくていぶつも》」（無限数の仏の母）とされた。そして准胝は観音の一形態としてではなく、この仏母の資格で、密教の根本図の一つ、胎蔵曼荼羅の中に描き表されている。准胝の素性が観音菩薩であると認められたのは後日のことにすぎない。そしてとくに、十世紀から京都における真言宗の最も盛んな一中心であった醍醐寺でこの意見が主張された。女性にして母性である准胝はここで早々と民衆の信心の中に位置を占め、今日でも子授けと安産を保証するとして信仰されている（図版18）。

腕の数は像により変化があるが、十八本のことが多い。泥池からけがれ無く生え上った蓮の花の座は、確かにこの観音にふさわしいシンボルであろう。

参考文献

M.-Th. De Mallmann, *Introduction à l'iconographie du tântrisme bouddhique*, Paris, Centre de recherches sur l'Asie centrale et la Haute-Asie, 1979, pp. 143-146.
M.-Th. De Mallmann, *A propos de deux statuettes bouddhiques du Musée d'Ethnographie*, Genève, 1973.
猪川和子「観音像」、『日本の美術』一六六号、至文堂、一九八〇年、七二頁。
『密教美術大観』第二巻、朝日新聞社、一九八四年、一六三―一六四頁。
『仏像図彙』Ⅱ、13。

白衣観音――世俗風の白衣をまとう菩薩

白衣観音という名は上述したように、極めて入り組んだ一群の伝統に及んでいて、それを解きほぐすのは困難である。胎蔵曼荼羅で見る密教伝統にこの名で呼ばれる尊格が認められ、観音部の菩薩たちの中に描かれている。そのインド名は「パンドゥラヴァシニー(Paṇḍuravâsinî)」と言い、意味は〃白衣の女性〃で、しかしこれはまた〃白処の女性〃とも解釈できて――この白い処はこの観音が坐している白蓮を指す――、もともと女性であることを明らかにしている名であり、准胝観音に比すことができよう。この尊格は左手に開いた蓮の花を持ち、右手を与願印に結んでいる。上体に軽い白のヴェールをかけ、そして頭に宝冠をつけている。

ところで十一世紀中に（それ以前の確証は疑わしい）、中国に同名ながらこれとは全く異なった形姿の観音が現れ、それが速やかに日本にもたらされた。この観音は白い寛衣を着け、衣の端――それとも別になったヴェール か――で高く結んだ髪を覆っている。密教的性格を固持する像では、全体の様子や手の位置は変らずに残っているが、しかし他の像には、中国的感覚の濃い、強力な僧・俗の隠遁主義の傾向が反映しており、ゆったりとした寛衣に身を包み、場合によっては柳の一枝を挿した壺を傍らにおいて坐禅を組んでいるか、あるいは立って柳枝、または他の持物（数珠など）を持っている。このような柳の枝を持った立像が、日本ですでに白河天皇の御代（一〇七二―一〇八六）に造られたと言われている。山を彷彿とさせる上述のような傾向の風景の中に住し、救済に当たる観音の瞑想する姿を、宋・元時代の中国水墨画家やその好敵手たる日本の画家たちはしばしば描くようになった。白色はここでは、とくに在家人の隠遁主義の強調に関係なしとは言えないのではなかろうか。つまりインドの律においては、僧衣の黄褐色に対して、白は一般信徒に還俗する懲戒を示すものであった。

この白衣姿がある程度、観音を女性化する原因になったと考えられて、その考えはとくに、十六世紀末頃から中国で作られて東アジアに普及した有名な「子を抱く観音」と共に拡がった。しかしこの見方に対し、二点から異議を唱えることができよう。そのひとつは、白衣を着けた形姿は必ずしも女性とは限らず、全く男性的な表現も残っているということである。いまひとつは、観音の女性化はさらに遡った昔に根を持っているということである（とくに法華経の観世音菩薩品では、観音が四種の女性に化身することが説かれている）。また他にもこの女性化は非常に変化に富んだ多くのテーマを通じて表れているからである（図版19）。

参考文献
Hôbôgirin : Dictionnaire encyclopédique du bouddhisme d'après les sources chinoises et japonaises, III, Paris, Adrien Maisonneuve, 1937, p. 217 *s.*
R. A. Stein, « Avalokiteśvara / Kouan-yin, un exemple de transformation d'un dieu en déesse », *Cahiers d'Extrême-Asie*, 2, Kyoto, 1986, pp. 17-80.

魚籃《ぎょらん》観音——中国の説話が所以の魚籠を持つ観音

この女性形の観音は中国のある伝承に起源を持ち、それを証する最初の例は宋時代になるが、しかしそれは唐時代に起こったという一つの奇跡的な事件について物語ったものである。その伝承によれば、一人の大層美しい魚売りの女がいて、多くの男たちが近づこうとしていた。彼女はその男たちのうち、一晩で法華経の観音化身を説く章を学び得た者に嫁ごうと約束した。何人かの候補者がこの試練に耐えたので、彼女は次第に困難度を上げ、求婚者に、三日後に法華経全章を暗誦するように要求した。

それに成功したのが馬氏某《なにがし》の息子であったが（観音と馬を結ぶ話は多く、馬頭観音の章でも簡単に述べた通りである）、しかしようやく結婚するや、女は直ぐに死んでしまった。ある僧侶の懇請で墓を開けてみると、骨はすべて接合して金色に輝いていた。こうして人々は、彼女はこの土地の人々を法華経に帰依させるために、魅惑的な女に化身した観音に他ならなかったと分かった（『今昔物語集』に収載の同類話を参照されたい）。急に亡くなった人物が不死の仙人であったと明らかになる話に反映しているかすかな道教の記憶、浄と不浄の対立を超越するという密教のテーマ（さとりに導くために愛欲を用い、漁を止めることを教え勧めるために魚を売るなど）、逆説的な教えを説く禅宗の好み、すでに法華経の中にはっきりと表れている海人たちの観音の守護功徳に対する信心、またその他の多くの要素がこの信仰の中に合流して、十七世紀に至るまで種々のヴァリエーションで豊かになり続けた。

中国の商人によって長崎に運ばれ（**図版20**）、一六三〇年にある僧によってこの九州の大港から江戸にもたらされたようである。これが三田の魚籃寺と、そこに至る有名な魚籃坂の起源と言われている（**図版21**）。

『仏像図彙』第二巻、「三十三体観音」の項目に、大魚の背に乗った立姿の魚籃観音の図様が収載されているが、これはこの尊格の伝説の数多いモチーフの一つに相当するものである。

参考文献

R. A. Stein, « Avalokiteśvara / Kouan-yin, un exemple de transformation d'un dieu en déesse », *Cahiers d'Extrême-Asie*, 2, Kyoto, 1986, pp. 54-61.

3　勢至菩薩――大なる威力に到達した者

勢至《せいし》、正しくは大勢至菩薩《だいせいしぼさつ》、そのサンスクリットの意味は「大なる威力に到達した者」である。この菩薩は阿弥陀三尊において脇侍として観音菩薩と一組となり、阿弥陀の右側に侍して、大慈悲を体現する観音に対して大智恵を具現する尊である。ところが一方の観音が非常にポピュラーであるのに対して、勢至の方は独立尊としてまつられることはほとんどないようである。

そのイコノグラフィはほぼ観音のそれに従っており、相違は観音が額に阿弥陀の小像を頂いているのに対し、勢至は宝瓶を着けている（図版24・25）。

4　文殊菩薩――智恵のシンボル

日本で誰もが口にする諺で、「三人寄れば文殊の智恵」という。この菩薩、「妙音（Mañjughoṣa）」は一般に文殊師利《もんじゅしり》（Mañjuśrī の音写）を略して文殊と呼ばれ、「優美な尊者」という意味である（妙吉祥、妙徳）。仏典の中では智恵のシンボル的役割を演じ、また音と言葉の持つ威力という古い概念にも関連づけられていることを当然ながら指摘しておこう。

維摩経という、大乗仏教の中でも最も深く難解な「空」[*1]論を説いている経典では、手強い論客である世俗の菩薩維摩《ゆいま》を相手として、この菩薩だけが論破されなかったという筋書きになっている。しかしこの偉大な智の菩薩はそういう面だけに留まらないことを指摘しなければならない。例えば他の経典が述べているように、文殊を信仰する者には、貧者や見捨てられた者を助けるよう励ますことに気を配り、自身貧しい姿で現れて信者の真心を試すと言われている。

観音菩薩のように、大乗仏教の内部から現れて来たこの文殊菩薩の源泉について出された仮説の中には（ある点で観音との相似点も認められる）、文殊について、ブラーマ神の従者で時にはその権化とも言われる五髻《けい》の天人楽士との繋がりを認めている説もある。五髻の髪形は、よく文殊菩薩の髪形として残されているもので、五の数は多くの場合にこの菩薩に結び付けられている。文殊が保持しているという真言呪は、サンスクリットによる音節朗読の五つの頭文字に当っている。また他にも、とくに、伝統的に文殊の最適の住所とされているのは、インドにおいても中央アジア・中国においても、五つの峰を持つ山岳環境にあったということである。中国ではそれが五台山で、現在の山西省にあり、三千メートルを越す山であるが、そこは四世紀から文殊菩薩の存在が語られている所である。多くの参詣者が文殊出現の聖地礼拝のために訪れたが、もちろん日本からの巡礼者もいた。まず、挙げなければならないのは天台宗の慈覚大師円仁であろう。大師は八四〇年五台山に詣で、多くの文献、図像学的・儀軌的伝統を持ち帰り、現在にも伝えられている。

日本においては七世紀から画像・彫像に現され（法隆寺金堂壁画中にも描かれていた）、ほとんどすべての宗派において崇拝され続けた。その祭祀はとくに十二―十三世紀の大きな宗教的難局の時代に流行を見た。というのは、当時人々は古い末法の予言による不安の中に生きていたからである。この智を以ってさとりへと導く「すべての仏の導師」は、また「仏母」（さとりを生むもの）とも呼ばれ、確かにしばしば顕現して、この難しい時代の多くの人々に最も確実な拠り所と思われたのである。

本州には三カ所有名な文殊菩薩のお寺があり、「日本の三文殊」といわれる。日本海に面した天橋立の文殊（**図版26**）、奈良から程近い大和安倍の文殊（**図版27**）、北方では山形の山地にある亀岡の文殊（**図版28**）がそれである。今日でも受験前の子供の親や若者が、この智恵の分配者の光を請願に来ている。また文殊のお寺では能筆を保証するという筆を頒布している所もあり、禅宗のお寺では、とくに曹洞宗で坐禅堂の中央に聖僧《しょうそう》と呼ばれる僧形の文殊像を安置し、集会の守護聖としている所もある。

文殊の像は一般に荘厳された美しい菩薩の姿で、冠を着け――時には童形のこともあるがその場合は童形文殊という――、左手に書巻を持ち、右手には煩悩を断ち切る「智剣」という尖った剣を持つ（**図版29**）。他に如意を持っている例もある。これは先が反り返った笏《しゃく》のようなもので、元は背掻きであったが格上げされて雄弁な説得力のシンボルとなり、僧侶の説法や儀式に用いられているものである（**図版30**）。しかし文殊のイコノグラフィはこの他にもいくつかの変形がある。

この菩薩の乗物とされているのは百獣の王、獅子である。これは仏陀自身の乗物ともされていて、所以はその説教の逆らい難い力が獅子吼を連想させるからである。

＊1　空　もろもろの事物は縁起によって成り立っており、固定的実体がないということ。大乗仏教の根本真理とされる。

参考文献

Etienne Lamotte, « Mañjuśrî », *T'oung Pao*, XVIII, 1-3（1960）, pp. 1-96.
M.-Th. De Mallmann, *Etude iconographique sur Mañjuśrî*, Paris, Ecole française d'Extrême-Orient, 1964, *passim*
（Publications de l'Ecole française d'Extrême-Orient, LV）.
『密教美術大観』第三巻、朝日新聞社、一九八四年、二七―三六頁。
『仏像図彙』Ⅱ、6オウ。

5　普賢菩薩――美しく慈愛に満ちて仏法の行者を助ける

「普賢」はサンスクリット語「サマンタバドラ（Samantabhadra）」の翻訳に当たり、「バドラ（bhadra）」という「善い、美しい、幸いな、恵み深い、庇護的、好意的、友情的な」など、「良い（妙善）」の意味を背負わせるのを楽しんでいるような品質形容詞を含んでいる。それが呼びかけ語として使用されるのを見ても――**Mon bon...,Mon cher...**〔親愛なる…〕に通じるような――ある程度の親近感の色合いがなくもない。「バドラ」はバラモン神話を源泉とする伝承の中で、大地の四方を支えている四頭の象の中の、一頭の名であることもここで付け加えておこう。一方「サマンタ」は――観音菩薩が普門（*saman-*

tamukha)、すなわち普《あま》く一切の方角に開いているように――「善」を現す「バドラ」の前に置くことによって、この名称を持つものが普く存在し、影響することを示している。仏典が好む少々幻想的な描写の一つによれば、この菩薩は「常にその一切の毛穴から仏の世界を出現し、仏・菩薩を十方に充満させる」。そして、「衆生を改善するために、定まった住所を持たず、世界至る所に一様に存在する」。この描写は「サマンタ－バドラ（三曼陀跋陀羅《さんまだばだら》）＝普賢」という、「普遍的に良きことに尽す」とのこの名称の意を、よりよく把握する助けとなろう。

文殊という智徳の表れに対して、普賢の方は、その補足であり、また非常に重要な実践ということ、いわば「行」を体現している。仏教が善事《よきこと》として日常に課している様々な規律と儀式の実践には、智が常に内属しているのであり、つまり「行」は「智」の行動的な表現なのである。というわけで、文殊は普賢の中に引き継がれている。

釈迦三尊像形式において、釈迦牟尼の左側に侍する文殊に対応して、普賢は右側に侍している。ある伝承ではこの二菩薩を兄弟としている。乗物は双方とも動物だが、一方の文殊が座すのは獅子の上で、この獅子は逆らい難い力を持つ説法を表現している。普賢の方は六牙とされる白象の上である。象は世界の支えであり、神や王の乗物で、神話的には雲と雨に結ばれて豊穣の力を分たっている。とくに白象は、宇宙界の乳海の色を想起させ、すべてのインドの伝説の中で重要な護符的価値を持っているものである。仏教の象徴体系がそれを仏陀と密接に結び合わせている重要性は、ここでも例外ではない。六牙は我々の六感が犯す過ちを咬み砕くとも、また仏教が課する六種の徳目とも解釈される。

この六種の始めは「布施」の徳で、六番目の最終最高の徳とされるのが「智」に他ならない。この六牙はしばしば二牙になっていることを指摘しておこう（図版31）。

一般的な像容では、文殊と一対の尊として、普賢の持物は、時には文殊の様に如意（説法の際に持つ笏）である。また稚児普賢といわれる若々しい姿になっていることもある。

実践行の守護神としての普賢の最も重要な意思表明は、『法華経』とその結経《けっきょう》（本経を説いた後に結論としてその要旨を述べた経）の『観普賢経』が語っているところによると、「後の濁悪《じょくあく》の世において」この経を受持する者、絶えず念ずる者の努力を支えるために必ずや姿を現そう、と誓っている。この普賢の誓約は中国、また日本の天台宗において、信仰生活の一つの基部となっているところの、法華経に基づいた観想行と懺悔法の源となった。これらの実践の守護神としての普賢像は、両手を合わせた、いわゆる合掌印を結んでいる。

文殊と同じく、普賢も七世紀の法隆寺壁画の中に描かれている。しかし普賢信仰が大きく発展したのは平安時代に入ってからで、主に天台宗の強い影響によるものである。とくに法華経が女人に提供した素晴しい救済の予見によって、女性社会の中で流行した。今日の日本では普賢を独自にまつるお寺は比較的稀である。そのいずれも全国的な名声を持つに至っていない。それに反し中国では、この菩薩は、山東省に峨眉山という有名な聖地を持っていたのである。

参考文献

M.-Th. De Mallmann, *Introduction à l'iconographie du tântrisme bouddhique*, Paris, Centre de recherches sur l'Asie centrale et la Haute-Asie, 1979, pp. 331-335.
Etienne Lamotte, « Mañjuśrî », *T'oung Pao*, XVIII, 1-3 (1960), pp. 27.
玉木康四郎『白象の普賢』東京、春秋社、一九七九年。
『密教美術大観』第三巻、朝日新聞社、一九八四年、一六—二〇頁。
『仏像図彙』Ⅱ、6オウ。

普賢延命菩薩

これは密教特有の普賢菩薩の形である。密教においては金剛薩埵《こんごうさった》（さとりの心を引き起こす菩薩）と同一になっている。また、胎蔵曼荼羅の中に並び描かれて、大安楽《だいあんらく》不空真実《ふくうしんじつ》菩薩《ぼさつ》（空しからぬ真実の安楽に住する菩薩）と呼ばれ、さとりを生み出す徳を持つとされる。すなわち、この菩薩が制定した禅定に入れば、「時の限界を超越した安楽の命が生成される」ことから、普賢延命といわれた。これが現世利益に転じて病を治し、命を延ばす、災厄を払うと解釈された。

十世紀頃から宮廷で信仰され始め、十一世紀には非常に重要な信仰となり、天台宗で大修法の一つに加えられた（普賢延命法）。真言宗もそれに続いた。平安時代の絵画・彫刻の傑作に普賢延命像が多い。現在ではこの普賢延命を本尊とする寺は、奈良県吉野郡の常覚寺《じょうかくじ》のみのようである。

普賢延命には二種の像容があり、その一は二臂で、金剛薩埵と同じく一手に金剛杵、他手にさとりの意志を呼び起こす鈴（金剛鈴）を持っている。今一つの形は二十臂で、胎蔵曼荼羅中の大安楽不空真実菩薩とほとんど同形である。このように、普賢延命は本質的には上の二尊と同一とされてはいるものの、その働きにおいて異なる点もあるのは確かで、従ってそれが独自の要素によって表現されている。それは、普通の普賢菩薩の乗り物とされている単なる「六牙の白象」（図版31）ではなく、四方角を表わす四頭の白象に乗っていることで、ある場合は四天王像がその各象の頭上に立っている（大和の常覚寺の像）（図版32）。そうして、この四頭の宇宙的白象が踏む金輪を五千の小象が支えているとされている。

6　虚空蔵と地蔵菩薩――宇宙空間の無限の功徳と大地の慈悲の仏教的表現

虚空蔵菩薩――大空の如く無限の恩寵を蔵す

「虚空蔵菩薩」、すなわち「アカサガルバ（Âkâśagarbha）」という名の中で、初めの語「アカシャ（âkâśa）」は「光る、輝く」という意味の語根に結びついていて、「空間、大気、空」を指している。次の「ガルバ（garbha）」は二通りの解釈ができ、もちろんその二つは密接に関連しているのだが、つまり「ガルバ」というのは胚であると同時にそれを支える母胎、母の内奥である。この両方が複合された末に、「……を内に持っている、含んでいる、充ちている」という意味でよく使われる言葉である。そこからこの「アカサガルバ」という名についてはいくつかの解釈が提示されている。すなわち「宇宙の胚」「宇宙の母胎」または「宇宙空間を母胎（母）としているもの」である。「蔵」は「ガルバ」の中国語訳であるが、「母胎」「包蔵するもの」という意味である。そこで虚空蔵菩薩に最もふさわしい解釈は、「大宇宙空間の功徳を内蔵している菩薩」と言えよう。

なるほど、この菩薩の特性は、一切の衆生を平等に、また限りない寛容をもって抱き入れることで、それはこの大宇宙空間という普遍的容器、この普遍的母胎のイメージそのものである。宇宙の恩寵の極みと言えようか。そのモットーとしているのは「能満《のうまん》（諸願を能く満たす）」で、この菩薩のイコノグラフィはそのメッセージを現すものである。すなわち左手に如意宝珠、これは願を満たすという霊妙なる宝玉である。右手は与願印（恵みを与える印）を結ぶか、または宝剣を持つ。この剣は文殊の智剣ほど尖っておらず（時にはほとんど丸くなっている）、天空の豊穣の威力を表している。「福智」という言葉は、虚空蔵が身体と精神に施す恩恵をひとまとめに要約してよく使われる表現であるが、そのどちらの面も非常に重要なものとして、日本の虚空蔵菩薩信仰史の中に残っているのを以下に見てみよう。

日本におけるその歴史は、八世紀初頭より虚空蔵を本尊とする一つの重要な修法の導入によって始まった。これは厳しい反復読誦の苦行によって自分の能力を支配することを目指すもので「求聞持法《ぐもんじほう》」という修法である。「能満《のうまん》虚空蔵《こくうぞう》菩薩最高陀羅尼《だらに》求聞持法《ぐもんじほう》」（諸願を能く満たす虚空蔵菩薩の最高ダラニによる、記憶の持続を求める法）という名称が示すように、この行法は明敏な素晴しい記憶力を与えるという。弘法大師（七七四―八三五）は次のように書いている。「この修法の規範通りに、その真言を百万遍唱える者は、一切の経典の意味を記憶に保持することができるだろう」。大師は若年の頃、求聞持法の修行を伝授されて決定的なインパクトを受けたのだった。もう一人の日本仏教の重要な高僧である日蓮上人（一二二二―一二八二）は、いかに若い頃、懐疑に苦しみ、虚空蔵菩薩に「日本一の智者となし給え」と祈ったかを自身で書いている。この菩薩は日蓮の前に「高僧の姿で現れ、明星の如くなる智恵の宝珠を与え給うた」と。阿房の清澄寺（千葉県）がその顕現の地で、その後日蓮宗徒の有名な参詣地となっている（**図版35**）。

洛西嵐山の法輪寺は、空海の弟子道昌の開基による虚空蔵を本尊とするお寺であるが、ここには旧暦四月十三日に行われる、また別の可愛いお参りの習慣があった。その日には十三歳になる子供達が、この菩薩に智恵を授けて頂くためにお参りに来る。そうして智恵袋という小さな守り袋を持ち帰るのである（十三の数字は虚空蔵の日となっている）（**図版36**）。

虚空蔵が具現しているのはまた空《そら》であり、空は雨を降らせて大地に豊饒をもたらす。こうした理由から、この菩薩は請雨を祈願するとされ、その祭所は通常、高所にあり、夕立や驟雨を支配する竜神が住むとされる池の近辺に建立されている。

参考文献

M. W. De Visser, *The Bodhisattva Âkâçagarbha* (Kokûzô) in China and Japan, Amsterdam, Koninglijke Akademie van Westenschappen te Amsterdam, 1931, p. 47.
逸見侑『菩薩』東京美術、一九八二年、一三八―一四六頁。

『密教美術大観』第三巻、朝日新聞社、一九八四年、四二―四六頁。
『仏像図彙』Ⅱ、六頁ゥ。
Annuaire du Collège de France, 1981-1982, pp. 593-594 ; 1983-1984, p. 662 ; (rééd.) Bernard Frank, *Dieux et Bouddhas au Japon*, Paris, Editions Odile Jacob, 2000, pp. 91-93 et 134.
D. Billaud (Rév. Yukaï), revue *Géo*, avril 1985, p. 64. （今日の求聞持法の体験について）

地蔵菩薩――大地の如く広く堅固な慈悲を蔵す

この菩薩の名前はkṣitiという大地を指す語から始って、前項の虚空蔵と同じ型に出来上っている。したがって同様に「大地の功徳を内蔵している菩薩」と解釈されよう。

大地と空間、または大気は、インドの伝統において一般に五大要素の両端に挙げられているものである。二菩薩の尊格にこの二要素を対応させて並置することには、天空と大地を特別に結び合せるというヴェーダ時代からの古い習慣が反映しているように見受けられる。バラモン教文献の中では、大地は「広く」「大きく」「豊か」で「糧をもたらし」、また「支える」と言われていて、その祭祀は農作業に関するのみならず、死と生誕にも関連している。

仏教では仏陀釈尊のさとりに際し、それに先立つ何時間かにおいて、大地の女神（堅牢地神または地天）に決定的な役割を与えている。仏陀が魔の恐るべき集団に襲われた時、この大地の女神が土中から湧き出てきてシャカムニを支持したと。その後の多くの伝説の中でも、一切のものを支え、また守護するというこの地天としての二重の役割を絶えず明確に示している。大乗仏教の興隆と共に、この女神の徳をモデルにして、広大な慈悲、無辺の寛容、ゆるぎなき堅固さを持った菩薩というものの概念が形成される趨勢が現れて来た。大地を「支え」、大地を「支配する」ダーラニムダーラ（持地菩薩）のような菩薩で、時には地蔵と同一視されるが、胎蔵曼荼羅の中では地蔵に従って並んでいる。

インド仏教の伝統では地蔵は二次的な存在であった。それが中央アジアと中国で、おそらく種々の影響があったであろうが、とくに観音の影響の下に独自の性格を浮き上がらせて来た。そうして観音と同じく大慈悲の標榜の下に置かれた。

地蔵信仰の基となった——おそらく中国で唐時代に編纂された——経典によれば、地蔵は菩薩行の道に入った時、シャカムニが涅槃に入って以来始まったますます堕落していくこの無仏世界で、革新者としての弥勒《みろく》仏が新しく現れるまで際限なく続くはずの、この仏陀なき世界で、苦しむ一切の衆生を救おうという本願を立てた。

この概念は典型的な大乗思想であるにもかかわらず、初期仏教から受け継いだ思想（つまりこの世界に仏陀はもう存在しない）に深く根差したものであり、また中国で、（後には日本で）興って来る末法思想の不安や、救世主待望などの原因となる概念である。これは法華経が説き明かした「釈迦牟尼仏は久遠に実在する」という思想や、阿弥陀浄土の信仰がもたらした「来世において救われる」という希望などの圏外にある思想と言えよう。ところが結局のところ、以下に述べるように、この阿弥陀の浄土信仰に密接に繋がっていくのである。

地蔵の誓願の大部分は、直接この現世における救済に関するもので、例えば餓える者に食物を与えよう、纏うもののない者には衣類を与えよう、病人には薬を、捕らえられた者には安らぎを、そしてすべての災難から守ろうというような誓いである。しかしある別の重要な経文は彼岸における地蔵の活動について述べている。すなわちこの菩薩は、その信者を必ず涅槃の平穏な住居に導くであろう、と。

この彼岸の世界との繋がりは、地蔵という大地の菩薩と、地下界の地獄の王とされた閻魔の間に打ち立てられた関係によって著しく強められた。地蔵の活動は決して地獄の領域に限られたものではなく、輪廻の六道*1のすべてに関係しているのだが、とはいえ、苦しみが最も激しいこの場所でこそ、どこよりも活躍するように述べられているのである。

日本に地蔵の尊形が導入されたのは、奈良時代、八世紀中のことであったらしく、当時はことに虚空蔵と並び見られていた。九世紀の初めに入った密教は、この二菩薩に重要な意味を割り当て、胎蔵曼荼羅の中では対称にはなっていないが、それぞれに一郭の主尊としての位置を与えている。しかし地蔵菩薩の真の人気が始まるのは、やや後になってからで、十世紀末に高僧源信が説いたような、天台宗の阿弥陀信仰の概念がその源泉であろう。地蔵はここで、浄土への道を見出せずに暗い世界で空しく蠢いているすべての者を慰めるという使命を明らかにしている。

地蔵信仰は中世を通じてすべての階層においてますます重要な位置を占めるようになり、ことに民衆の間で盛んになっていった。こうして賽の河原の信仰が拡がっていく。それは、出生前、または出生時に亡くなった子の、または幼く死んだ子供達が行くという中有《ちゅうう》*2の淋しい河原で、地蔵尊がたゆむことなく子供達の救済に当たっているという信仰である。地蔵菩薩の姿は、今日においても子供の世界と分かち難く結ばれており、死後のみでなくこの世の生活においても、彼らを優しく見守り続けているのである。

二宗派だけが地蔵信心を受け入れていない。すなわち日蓮宗では、地蔵は法華経信仰とは全く無関係であるという理由により、また浄土真宗では、充分ためらった後で、地蔵の唱名は意味のないことだと——観音の名にしても同様に——判断した。なぜならば、阿弥陀の唱名の中には、事実上、地蔵の名が含まれていると考えられたからである。

胎蔵曼荼羅の中では、地蔵は他の菩薩たちと同じように宝冠を着け、荘厳されているが、一般に流布したのは——地蔵の根本的な一経典にもすでに述べられているように——、修道衣の僧という全く異なった姿においてである。

地蔵は、上述のように、本性において関連している虚空蔵と同じく、普通は左手に「願を叶える宝珠」を持つ。これは、一切の衆生に、彼らが必要とする救いをもたらす意志の印であり、また地蔵が地獄を歩み進む時には、そこを照らす光を放つと言われている。右手は、これもまた虚空蔵と同じく「与願印」を結ぶ場合もあるが、多くの場合、錫杖を持っている（巡礼の杖の頭に金属製の三輪をつけたもので、この音は楽しませ安心させるとも言われている）（図版37～42）。

＊1　**六道**　衆生が善悪の業によっておもむき住む六つの迷界。すなわち、地獄・餓鬼・畜生・修羅・人間・天。
＊2　**中有**　衆生が死んで次の生を受けるまでの間。期間は日本では四九日。

参考文献

Louis Renou, Jean Filliozat et autres, *L'Inde classique, Manuel des études indiennes*, I, Paris, Hanoï, Payot, Imprimerie nationale, 1947, §645, 1004.
M. W. De Visser, « The Bodhisattwa Ti-tsang（Jizô）in China and Japan», *Ostasiatische Zeitschrift*, II et III, 1913-1914, et 1914-1915.
速水侑『菩薩』東京美術選書30、一九八二年、一四八頁以下。
望月信成『地蔵菩薩』東京、学生社、一九八九年。
松島健「地蔵菩薩像」、『日本の美術』二三九号、至文堂、一九八六年。
『密教美術大観』第三巻、朝日新聞社、一九八四年、四七—五三頁。

第三章　明王部

——神秘的な霊力を持つ明知《めいち》（真言《マントラ》）の尊格化

図版1　五大明王（根香寺《ねごろじ》・香川県）
四国札所第82番

図版３　**大威徳明王**（牛滝山大威徳寺・大阪府）

図版２　軍荼利明王《ぐんだりみょうおう》（五大明王の一尊）
（東浪見寺《とらみじ》・千葉県）

図版４　波切不動明王（高野山南院・和歌山県）

図版６　錐もみ不動尊（根来寺《ねごろじ》・和歌山県）

図版５　波切不動明王（青龍寺《しょうりゅうじ》・高知県）

図版 7　**錐もみ不動尊**（誕生院・佐賀県）

図版８　成田不動尊（新勝寺・千葉県）

図版９　目黒不動尊
（滝泉寺・東京都）

図版10　目白不動尊
（金乗院《こんじょういん》・東京都）

図版11　目黄不動尊
（最勝寺・東京都）

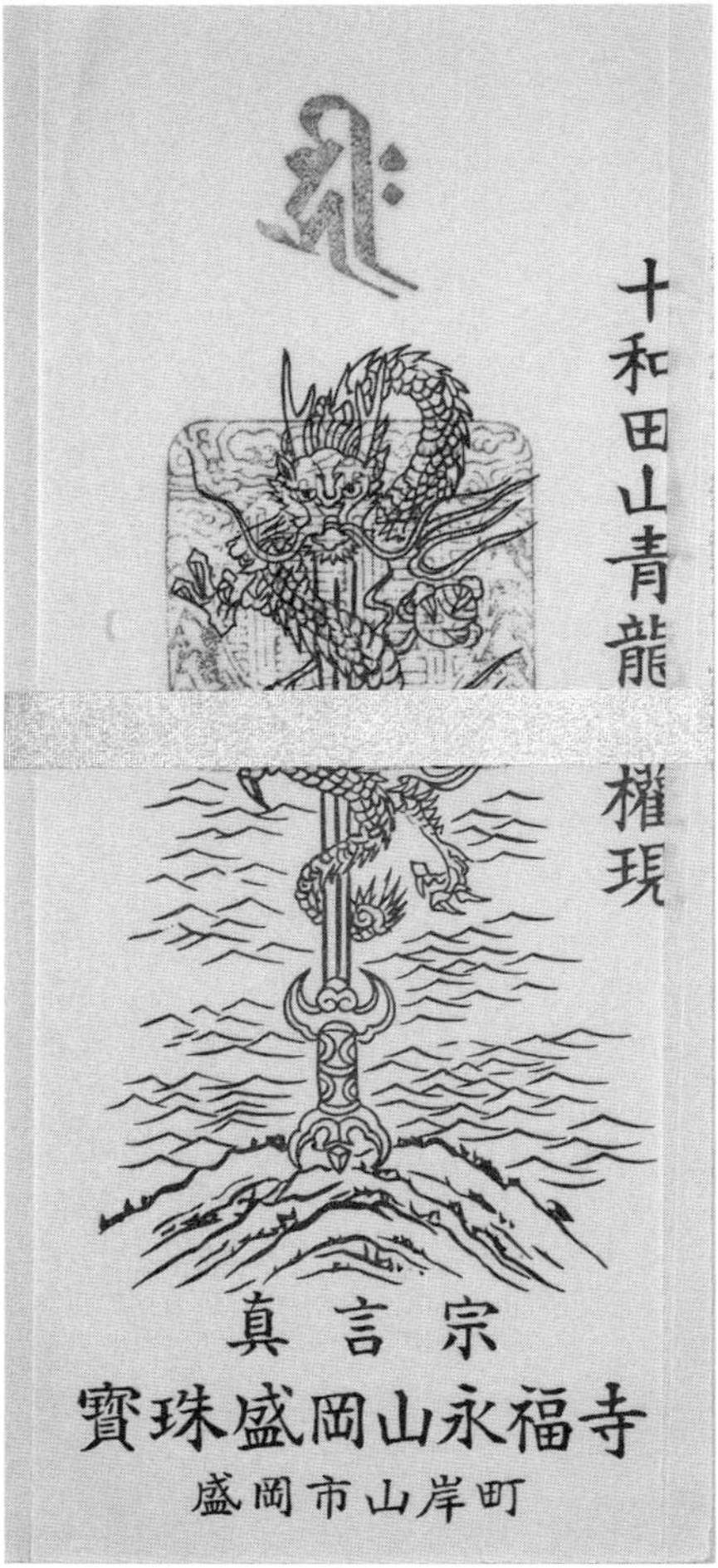

図版 12　倶利迦羅《くりから》不動（永福寺・岩手県）

図版 13　愛染明王（妙高寺・新潟県）

図版 15　愛染明王（勝鬘院《しょうまんいん》愛染堂・大阪府）

図版 14　愛染明王（西大寺《さいだいじ》・奈良県）

図版 16　烏枢沙摩《うすさま》明王（大山寺・神奈川県 ？）

図版 17　烏枢沙摩明王（宮島《みやじま》弥山《みせん》大聖院・広島県）

図版 18　烏枢沙摩明王（大龍寺・京都府）

図版 19　烏枢沙摩明王（可睡斎《かすいさい》・静岡県）

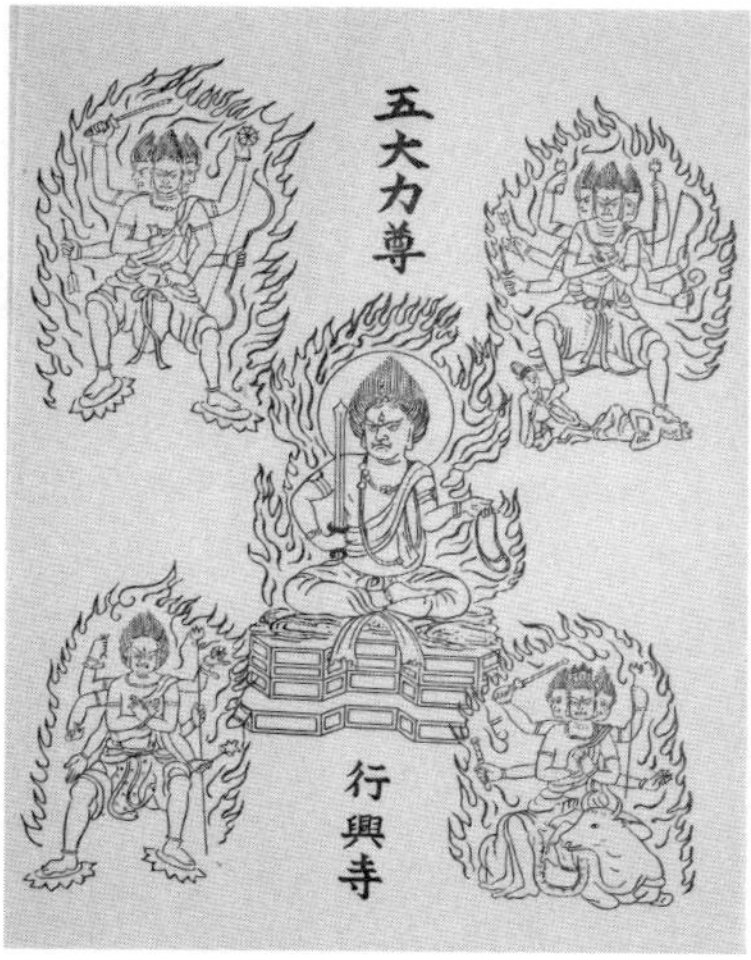

図 21　五大力尊（行興寺《ぎょうこうじ》・大阪府）

図版 20　六字明王（寺院不明）

図版 22　五大力尊（上醍醐寺・京都府）

「明王（vidyârâja）」は、密教の中で発展した礼拝尊のグループであるが、次いで他の宗派でも帰依されて仏教に共有のものとなり、さらに広く日本の民衆信仰の礼拝尊となった。

漢字「明」は「明らかにする」という意味があり、明王の「明」はサンスクリット「vidyâ（知る）」という語の翻訳である。これは「vid」という語根につながっていて、「Veda（ヴェーダ聖典）」という語にも含まれている。しかし「vidyâ（明）」は、ヴェーダ聖典の聖なる知識と同じくただの知識ではなく、神秘な事象に関する知識であり、それはまた内的外的実在の上に及ぼす強力な能力である。とくに「マントラ」と「ダラニ」と言われる呪《じゅ》の中に溶け込んでいる明《みょう》、つまり知識＝神秘な能力である。「マントラ」は真言。「ダラニ」は真言より長い呪で、正確には「明の保持者」という意味で「持明呪」ともいう。その中でも効験によって最高とされた呪《じゅ》に「明《みょう》（の保持）王または妃」、略して「明王」という名が与えられた。

明王は擬人化の進展からできたものである。孔雀明王（または六字明王）のように静穏相の女性の姿になっていることもあるが、多くは闘争的な忿怒相の男性の形で、例えば「五大明王」があり、とくにその五明王の主将格である「不動明王」があげられる。しかしこの忿怒相は、現実世界や我々自身の中に蠢いている有害な力を悔悛に導こうとする意志を意味し、全衆生に対する仏陀の深い慈悲の表現に他ならないと解釈するべきである。

本来は菩薩とされていた礼拝尊で、後に明王の中に組み入れられたものもあり、この二つのカテゴリーは、時に流動的であることを指摘しておきたい。

1 五大明王——大日如来を中心にした五仏の怒りによる慈悲の表現

五大明王または五大尊とも言われるこの尊格は、密教の伝統で大日如来の尊像を中央にして集まった五仏が、「済度し難い」衆生を悔悛に導くためにとった忿怒の形である。そのための凄まじい形相にもかかわらず、この礼拝尊たちは仏教の他のすべての諸尊と同じく、その行為の深い動機となっているのは慈悲である。

この明王たちは行者を浄化する。尊像を包む火焔は、煩悩が燃焼されて覚《さと》りのエネルギーとして変貌するに必要な過程である。彼らが発する威力は、素晴しい防御武器となって、仏法とその信者をすべての災いから守る、ということから五大明王は護国の修法に使われる。

五仏と同じく、五大明王は、四方角と中央という配置で並んでいて（**図版1**）、中央でこのグループを司っているのが不動明王であり、それは大日如来そのものの代理である。東が降三世《ごうざんぜ》、南が軍荼利《ぐんだり》（**図版2**）、西が大威徳《だいいとく》（**図版3**）、北が金剛夜叉《こんごうやしゃ》である。

参考文献

『密教美術大観』第三巻、朝日新聞社、一九八四年、七五―八七頁。
『仏像図彙』Ⅱ、20ウ―21オ。
Iyanaga Nobumi, « Récits de la soumission de Maheśvara par Trailokyavijaya — d'après les sources chinoises et japonaises », *Tantric and Taoist Studies in Honour of R. A. Stein*, éditées par Michel Strickmann, III, Bruxelles, Institut Belge des hautes études chinoises, 1981-1983, pp. 633-745 (Mélanges chinois et bouddhiques, **XXII**).（降三世について）

大威徳明王《だいいとく》——五大明王の一つ、閻魔王をも降する威力

上項でふれたように、この礼拝尊は、五大明王のグループの中で西方に該当する明王である。この方位を司るブッダ阿弥陀如来から発された神秘力とされている。

サンスクリット名「ヤマーンタカ（**Yamântaka**）」は、「閻魔王の力を終止させるもの」という意味である。日本ではその正確な意味通り「降閻魔尊《ごうえんまそん》」と翻訳された言葉があるが、普通は大威徳明王（偉大にして厳かな威力の明王）と呼ばれる方が多い。

この尊格は六面六臂で表されている。日本では稀だが六足のこともあり、六足尊がその別名になっている。六の数は、六道輪廻・六観音・六地蔵などの例を想起されたい。頭髪は逆立ち、体は火焔の背光を放っている。主臂の両手は中指を立てて合せ、大威徳明王の「根本印」という印を結んでいるが、これは矛槍《ほこやり》、または棍棒のような武器と解釈される。さらに上臂の左手に槍を、右手に金剛柄の

剣を持つ。

一説では乗物になっている水牛の象徴について、成道《じょうどう》〔さとりを完成すること〕を求めて修行する者は、水牛が縹渺たる水の中を渡って行くことができるように、生死を繰り返す輪廻の海を彼岸に至り着くだろうと説明されている。それはともかくとして、この動物はある時はほとんど水中に沈んでいて、したがって地下の世界に近いとされ、閻魔の乗物とされているが、その閻魔に勝つ者がそれを借用していることを指摘しておこう。

大威徳明王は伝統的に五大明王グループと一緒に、浄化、または魔を祓う修法において祈願される。しかし非常に稀な例だが、この明王を単独尊としてまつっている寺がある。それは大阪の南にある牛滝山大威徳寺で、比較的最近まで、もっぱら農耕牛を飼う農家が祈願に来ていた。農業の機械化で数年の中に、この寺の参詣者がほとんど絶えてしまったそうである（一九七四年、現地において情報採集）（図版3）。

参考文献

『法宝義林』IV, article par R. Duquenne, pp. 652-670.
『密教美術大観』第三巻、七五―八七頁。
Mythologie asiatique illustrée, Paris, Librairie de France, 1927, p. 407.

2　不動明王——揺るがぬ決意、大日如来の忿怒の化身

不動明王は、日本仏教パンテオンの中で最もポピュラーな尊像の一つである。ところが、この尊像が日本に登場したのは比較的遅く、真言宗と一緒に、ようやく九世紀に入ってからである。インドでは七世紀中に現れていたらしく、八世紀には中国で知られていた。シャムで同時代のものとされる不動明王の石彫が発見されており、その像容は、日本で後に「胎蔵曼荼羅」によって流布され、そして東寺の立体マンダラの中で見ることができる不動明王とすでによく似通ったものである。

原名の「アチャラ（Acala）」は「動ぜず」という意味で、「不動」は文字通りの翻訳となっている。この「アチャラ」という名は、シヴァ神の別号の一つでもあり、この偉大な破壊的忿怒神と、さとりを妨害する強暴な力を屈服させようとする最高のブッダの意志を現している不動明王との間に繋がりがあるとする考えは、ある時期多くの支持を得たが、次いで厳しく批判された。この尊格の形を造り上げることに寄与したのは、別の信仰伝統であり得よう。

すでに述べたように、不動は「五大明王」の中央に位置づけられ、したがってそれは、汎仏陀大日如来そのものが忿怒の形をとった化身である。時にはその使者とも言われ、そのゆえに「不動使者」と呼ばれることもある。そのイコノグラフィのいくつかの特徴は、常時、出動を待機している使者性

を示していると解釈されている。一つは、その若さに関していて、未熟な少年のような丸々とした身体がそれを示し（または密教でいう衆生本源の清浄性の表現とも見られる）、もう一つの特徴は、服従の印と言われる七つの結び目になった髪形で、その左の一つは丁寧に伸ばすか編んで、弁髪のように左に垂らしている。身体は原則として黒、または黒青、しかし、インドにまで遡る五色の不動の伝説が存在し、それが種々の形で日本の伝統の中に存続した（黄不動・赤不動という有名な絵に、また江戸の町を見守っていた五つの不動の寺の二つが、その周辺の町に目黒・目白という名を残していることなどである）（図版9〜11）。

顔の特徴の一つは、斜視である（インドにおいてすでにこの尊格は「すがめ（kekara）」と渾名されていた）。中国から日本に伝わったイコノグラフィの型では、両目が同じように丸く見開いている。その後、十世紀から明らかに、両目が不均衡の型に従っている、つまり、右目を大きく見開き、左目はほとんど閉じている。この対置に密教のアプローチのすべての節にある二元論が想起されよう。同じような対置は口元にも現れていて、上歯で下唇を噛み押え（または反対）、その口角に二本の強靭な犬歯がそれぞれ対向に突出している。

右手には先の尖った剣（利剣）を持っているが、これは文殊菩薩のそれのように誤りを切り裂く智恵のシンボルである。さらに煩悩の魔を屈せしめる剣という意味で、「降魔の剣」とされている。左手の方は綱（羂索《けんさく》）を呈示しているが、これは慈悲を施すための捕捉用であり、観音菩薩の持物の一つともなっているものである。そうしてこれもまた、尊格自身が象徴している不動性を表す岩の上に、時には座し、時には立姿で表現されている（図版4〜7）。

不動の前で行われる主な儀式は、護摩（homa）の修法である。古いインドの火神「アグニ（Agni）」に供物として捧げた浄火の火から受け継がれた儀式で、その主なことは、煩悩に見立てた木を「智」の火焔で焼きつくすことである。この優れた浄化力の不動明王（不動尊と呼ばれる方が多い）は、決意、または悲願の守護者であり、修行者の守り神である。滝下の行者のためによく滝の傍にまつられているが、氷のような水の下で平然と経を唱える試練には、さらなる恩寵が期待されるのであろう。強力な守護神として、この尊はすべての悲願を叶え、災難を除いてくれるとされている。昔は、武士階級が最も好んだ守り神の一つであり、今日でも、日本の諸尊の中で最も男性的な尊格である。歌舞伎の社会にも伝統的に重要な不動信仰があり、その他、危険を伴う職業の人々の間で、例えば漁師、車やトラックの運転士、消防士、警官などから、好んで背中にこの尊像の刺青を入れるやくざに至るまで、多くの人から加護を祈られている。

不動には多くの侍者がいることを付言しなければならないが、ここでは主な二者を挙げておこう。左側には矜羯羅《こんがら》童子で、これはサンスクリット「キムカラ（Kiṃkara）」の音写で「何？」と言い次いで「行動する」者、つまり侍り仕える者であり、蓮華を持っている。右側の制咤迦《せいたか》童子は「チェタカ（Ceṭaka）」の音写で、これも「侍者」または「奴隷」の意味を持つ言葉である。こちらは棍棒を持つ（図版8）。

倶利迦羅《くりから》不動

インドの伝承によると、クリカという強力なナーガ（龍）が存在した。この龍は法華経の中で護法神として八大龍王の一頭に列挙されている。「クリカラ」はKulika-rājaの略語と解される。いくつかの密教教典の中でこの龍王は不動明王に関連して語られているが、その一話に次のような話がある。不動明王がある異教の師との幻術の戦いで、自分を真似て炎に包まれた剣の形になった相手を、さらなる奇跡をもって恐るべき龍を現出し、その龍の爪で相手の剣を掴み、剣先をくわえて動けなくした。これは、水が炎に勝つというテーマを想起させるものであるが、ここでは、炎は煩悩を象徴している。また、煩悩に耐える行者の強さを表象しているとも説明される。さらにまた、不動明王は智を解き放つ剣、慈悲のための捕縛を意味する索《さく》（綱）を持物としていることを想起されたい。ところで、綱と蛇はしばしば融け合って一つのモチーフとなり、先が蛇頭になっていることが多い。したがって、ここで龍は索と同一視されているとも考えられる。

倶利迦羅不動の像形は鎌倉時代初期以前には見られないようである。当時の有名な赤不動（高野山明王院蔵）の剣がこの形になっている。その後、儀軌に定められた両刃金剛《ヴァジュラ》柄の剣と同程度に不動明王のシンボル的形象となった（図版12）。

参考文献

渡辺照宏『不動明王』朝日新聞社、一九七五年（朝日選書35）。
頼富本宏『庶民のほとけ――観音・地蔵・不動』日本放送協会、一九八四年。
中野玄三「不動明王像」、『日本の美術』二三八号、至文堂、一九八六年。
京都国立博物館編『画像不動明王』京都、同朋舎出版、一九八一年。
『密教美術大観』第三巻、朝日新聞社、一九八四年、六八―一二七頁。

『仏像図彙』Ⅱ、20ゥ。
M.-Th. De Mallmann, *Introduction à l'iconographie du tântrisme bouddhique*, Paris, Centre de recherches sur l'Asie centrale et la Haute-Asie, 1979, pp. 82-85.
Beatrice Lane Suzuki, « Fudô the Immovable », *The Eastern Buddhist*, Kyôto, II (3 et 4), janvier 1923.
Annuaire du Collège de France, 1987-1988, pp. 619-626 ; (rééd.) Bernard Frank, *Dieux et Bouddhas au Japon*, Paris, Editions Odile Jacob, 2000, pp. 286-294.
村岡誠「不動三尊」、『大法輪』五〇巻一二号、一九八三年、一一二—一一四頁。（矜羯羅と制吒迦について）

3　愛染明王——愛神、さとりに至る力をもたらす

「愛染」は、文字通り「愛に染める、愛を引き寄せる」という意味を持ち、「ラーガ（râga）」というサンスクリット語に当てられた語である。「ラーガ」は色、とくに赤色を示し、次いでそこから情熱、魅力、快楽への欲望、愛などの意味を持つようになった。しかし、指摘しておかなければならないのは、現在までインド仏典の中に、この「ラーガ」という語を名称に用いた明王の痕跡は、全く見当らないということである。この名の使用は中国において、八世紀初頭の頃に現れている。

しかしながら、バラモン教の伝統には「カーマ（Kâma）」と呼ばれる愛神がいたのはよく知られたことで、このカーマ神は形の上ではギリシャ・ローマのエロス神（キュピドン）に近く、エロスのように若者で、弓と矢を持っているとされていた。文献では、それに蓮華や綱が持物として加えられ、また赤色

の体であるとされている。この神は、怒りの擬人化である「クロダ（Krodha）」を弟に持っているともいう。仏教は、カーマ神を「マーラ（Māra 死をもたらす神）」と同一神であるとしているが、このマーラは、釈尊がニルヴァーナという不死の道を見出すのを執拗に妨げようとして、まず自分の娘達を送り、次いで恐怖の集団をもって襲った魔神である。このラーガ、すなわち激しい愛慾、強い貪りは、憎悪と無知と共に仏教が言うところの三毒＝貪欲《どんよく》・瞋恚《しんい》・愚痴（むさぼり・いかり・無知）の一つである。したがって最も古い仏教では、愛欲は進歩の根本的な障害とされていて、修行者はきれいさっぱりとそれを絶滅しなければならないものであった。しかし、密教によれば、単に古典的な大乗仏教のように、輪廻（生死の繰り返し）とニルヴァーナ（さとりの境地）を対立させるすべての二元論を超越するというだけでなく、煩悩そのものをさとりのための最高のエネルギー源として称揚するのである。愛は、さとりの修行をする者を仏陀との結合に導く力であり、それは、あらゆる汚れの純粋清浄な本性への回帰に他ならないととらえられる。この力の中に、慈悲心の原動力そのものをさえ認めなければならない、と。

「金剛界曼荼羅」は、すでに述べたように、九世紀の初め、中国から導入されたままの密教の、根本的な二大図の一つであるが、その画面は九ブロック（九会《くえ》）のマンダラで構成されている。その中に「理趣会（完璧な智恵による導き）」と言われる一郭があり、そこは、この「自性清浄＝一切のものは本性が清浄である」という教理を表明している所で、一連のテーマを通じて描き現されているが、それはまず「妙適（妙なる結合）」「触（接触）」「愛縛（愛念の絆）」「一切自在主（所有の慢心）」などの清浄性ということを語っている。金剛薩埵（金剛の如く清浄堅固な存在）を中心とする菩薩たちが、このテーマを体現して描かれ、それぞれに、衆生の目を醒ます鈴、完璧なる智恵を表す五鈷《ごこ》*1、目的を射止める矢というような持物が宛がわれている。愛染明王はこのグループの中にはとくに入ってはいない。しかし、愛染には別に独自のマンダラがあり、結局のところ、この明王は〔理趣会と〕同じ象徴体系の独立した表現にすぎないことが示されている。愛染明王の最も一般的な像容は赤色の身体とされ、六臂を持ち、その主なる持物は上記のような鈴、先が五枝に分れた金剛杵、矢、そして同じく弓と蕾の蓮枝などである。顔は忿怒の表情で、額に縦に一眼を持つ。逆立った髪の頭上に獅子頭を頂き、その上に金剛杵の先が置かれている。光背は「熾盛輪（赤く輝く輪）」の如くである（**図版13**）。

　一般に優しい相貌で表現される愛の神が、これほどの忿怒の相で、燃えるような赫い体をしていることに驚く人々には、『ポリフィルの夢』(*Songe de Polyphile*) という十五世紀末にイタリアで出版された不思議な短篇集の一節に目を止められたい。その冊子は、同様の思想が西洋の伝統の中でもそれほど異様なものではなかったことを示している。「馬車の中では炎の少年（愛の神キュピドン）が絶えず馬に鞭打ち、恐ろしいすさまじい顔をあらゆるものに向けていた……」と。

　この情熱の主、愛染明王は、不動明王のように折伏《しゃくぶく》の原則に基づいた修法でまつられる。それは自分自身の折伏、またすべての外敵の折伏でもある。ここで想起されるのは、一二四七年に西大寺の叡尊〔一二〇一―九〇〕のために造られた日本で最も素晴しい愛染明王である。この愛染は、今日でも同寺にまつられているが、一二八一年、二度目の蒙古襲来に際して祈祷され、効験があったとされている。かぶら矢が愛染明王の手から音を立てて飛び出し、嵐を呼び起こし、敵の船団を沈めた。これが神風伝説の一つとなった(図版14)。

愛染はまた慈悲でもあり、そして言うまでもなく、まさに愛欲そのものであるから、修法においては他者の愛情を獲得し、調和のある男女関係のために祈願される。花柳界の人々、芸能界の人々に、もっぱら愛染を守護神としている人が多い。

さて終わりに指摘しておきたいのは、愛染の「染」字の持つ「染める」という意味と、「愛」が同音の「藍」に通ずることから、愛染を藍染めと解釈し、繊維・染色業が発達した江戸時代から愛染明王が、その業者組合のパトロンとされて来たことである。東京板橋区の日曜寺などにそのような伝統がまだ残っている(『日本仏教曼荼羅』第五章参照)。

天弓愛染

愛染明王には稀ではあるが、「天弓愛染」という、天に弓矢を向けている変形がある。興味深いことに、同様のテーマがルネッサンス時代の愛の神の像にあったことを指摘しておきたい。前にも引用した『ポリフィルの夢』の中の一節に、「〔凱旋する戦車の〕正面には、矢を空に向けて引いているキュピドンの像が飾り付けられていた……」とある(『日本仏教曼荼羅』一六四―一六五頁、一七五頁参照)。

＊1　**五鈷**　先が五つに分かれた金剛杵。金剛杵については、第四章―1「帝釈天」の項を参照。

参考文献
Hôbôgirin : Dictionnaire encyclopédique du bouddhisme d'après les sources chinoises et japonaises, I, Tokyo, Maison franco-japonaise, 1929, pp. 15-17, *s. v. Aizemmyô*.
Annuaire du Collège de France, 1983-1984, pp. 687-689 ;（rééd.）Bernard Frank, *Dieux et Boudhas au Japon*, Paris, Editions Odile Jacob, 2000, pp. 163-165.
『密教美術大観』第三巻、朝日新聞社、一九八四年、一四三―一五二頁。
『仏像図彙』Ⅲ、二〇頁。
『奈良六大寺大観』「西大寺」解説の部、一一、一六、二〇頁、図版48。

4 烏芻沙摩《うすさま》明王――穢れを浄化する強力な尊

烏芻沙摩《うすさま》（稀にウスシマ）はサンスクリット「ウッチュシマ（Ucchuṣma）」の音写で、その意味は不明瞭である。ほとんどの古い訳名（不浄金剛、穢跡《えしゅく》金剛）は、密教僧が差別的思考の束縛から自由になるためにしばしば取り入れる逆説的概念を想起させるものである。言うまでもなく、それらの名前は結果的に反対の解釈をもたらすものであって、つまり、「ウスサマ」は「浄穢忿怒尊《じょうえ》」であり、穢れを火で焼き滅ぼし（サンスクリット語では、ŚUṢ-は、「焼く」、suṣman は、「火」）、または干上げ（ucCHUṢ-）てしまうのである。この明王のイコノグラフィに裏づけられた「火頭金剛」という、もう一つの訳名にも同じ考えが認められよう。チベットの伝統ではUcchuṣmaを「合併」の意味に解釈したまた一つ別の表現方式がある。この烏芻沙摩《うすさま》という尊格は、七世紀より中国では知られていて、かなり有名であった。敦煌芸術にはいくつかの重要なウスサマの例があり、また日本の仏像図集でも「唐本」方式と明示していくつか取上げている。

日本の密教においては、烏芻沙摩は、五大明王の中の北方を司る金剛夜叉と同一視されるようになった。この金剛夜叉は、「心の穢れを喰う」ことを己の任務としたと言われているが、烏芻沙摩の方は、後述するように、むしろ物質的な穢れを浄化することを自任しているのだが。天台系の寺の中には五大明王の群像の中で両者が入れ替っているのが認められることもある。しかし、この二尊の間には、次のような著しい相違が存在する。それは、金剛夜叉は、グループの外で単独にまつられることはない——またはそもそもまつられることがないようである——が、烏芻沙摩崇拝は、他所で全く独自な発展をとげているという違いである。

寺によっては、この明王の効力よりも広い効験をうたっている所もあるが（月のさわり・お産・病気・傷などのような）、この尊は主として厠の浄めというはっきりした領域にその特異性を確立した。厠室というのは昔の住居では恐るべき不浄の元であると共に、生活に必須の肥料の元でもあったので、常に宗教的に慎重を期すべき所であった。つまり、烏芻沙摩明王は、言い換えれば「厠の神」に、いくつかの形態があるその一つになったのである。ウスサマ祭祀は密教起源なので、天台宗または真言宗の寺の中には、厠内でこの明王を念ずるように掲示されていても驚くに当らない。しかし、禅宗の、とくにその大寺院においてこの祭祀が最も重要なものとなったようである。確かに、禅宗では厠室は三默堂の一つとされていて、浴室・座禅堂（または食堂）と共に修禅者が沈黙を守る所で、各場所にはそれぞれの守護神があり、必ず礼拝することになっている。

その始めから、烏芻沙摩のイコノグラフィには、多くのヴァリエーションがあった（二・四・六・八臂形）。持物は武器である。髪は逆立ち、その尊体のすべての毛穴から火を吹き出して火焔が全体を取り巻いている（図版16～19）。

参考文献

F.A.Bishoff, *Ârya Mahâbala-nâma-mahâyânasûtra* (Buddhica), Première série, X, Paris, 1956, notamment, pp.9-11.

『密教大辞典』Ⅰ、京都、法蔵館、一九七四年、一一七一―一一九頁。

Michel Soymié, « Notes d'iconographie bouddhique ― des Vidyârâja et Vajradhâra de Touen-houang », *Cahiers d'Extrême-Asie*, 3, Kyôto, 1987, pp. 9 *s.*, en particulier, pp. 14-16.

D. T. Suzuki, *Mauel of Zen Buddhism*, New York, Grove Press, 1960, pp. 173 et 180.

『仏像図彙』Ⅱ、21。

5　六字明王――六観音の種字の力を一身に合一した尊

この尊形は、六観音のそれぞれを象徴する梵字の頭文字（種子）に内属する威力を、ただ一つの尊形の中に凝集することを目指したものである（図版20）。中国からの導入説もあるが、これは日本で平安時代に形成された観念であろうと思われる。十二世紀に後白河天皇が、薬師如来の分身である七仏（七仏薬師）を本尊として七体の像を一堂に置き、修法を行ったのがその濫觴であろうか。

六字明王は、調伏《ちょうぶく》・息災の修法に使われる非常に秘められた尊で、極めて強力であるため、普通は、二次元にしか表現されず、それも一色が良いとされている。しかしながら、高野山宝寿院に伝存する十三世紀の美しい画像があることを指摘しておこう。体は黒緑色で六臂といわれる。左足で跳躍するように立ち、上四手には日輪・月輪・三叉矛・刀を持つ。表情は忿怒相ではなく、孔雀明王のように円満相である。

参考文献

『密教大辞典』V、京都、法蔵館、一九七四年、二三一四頁。
『密教美術大観』第二巻、朝日新聞社、一九八四年、八一頁。
『仏像図彙』Ⅱ、21ウ。

6　五大力尊

五大力尊（図版21・22）

第四章　天　部

──仏教界を守るインド伝来の神々と中国の影響

図版１　帝釈天（永明寺《えいみょうじ》・広島県）

図版２　帝釈天（摩尼寺・鳥取県）

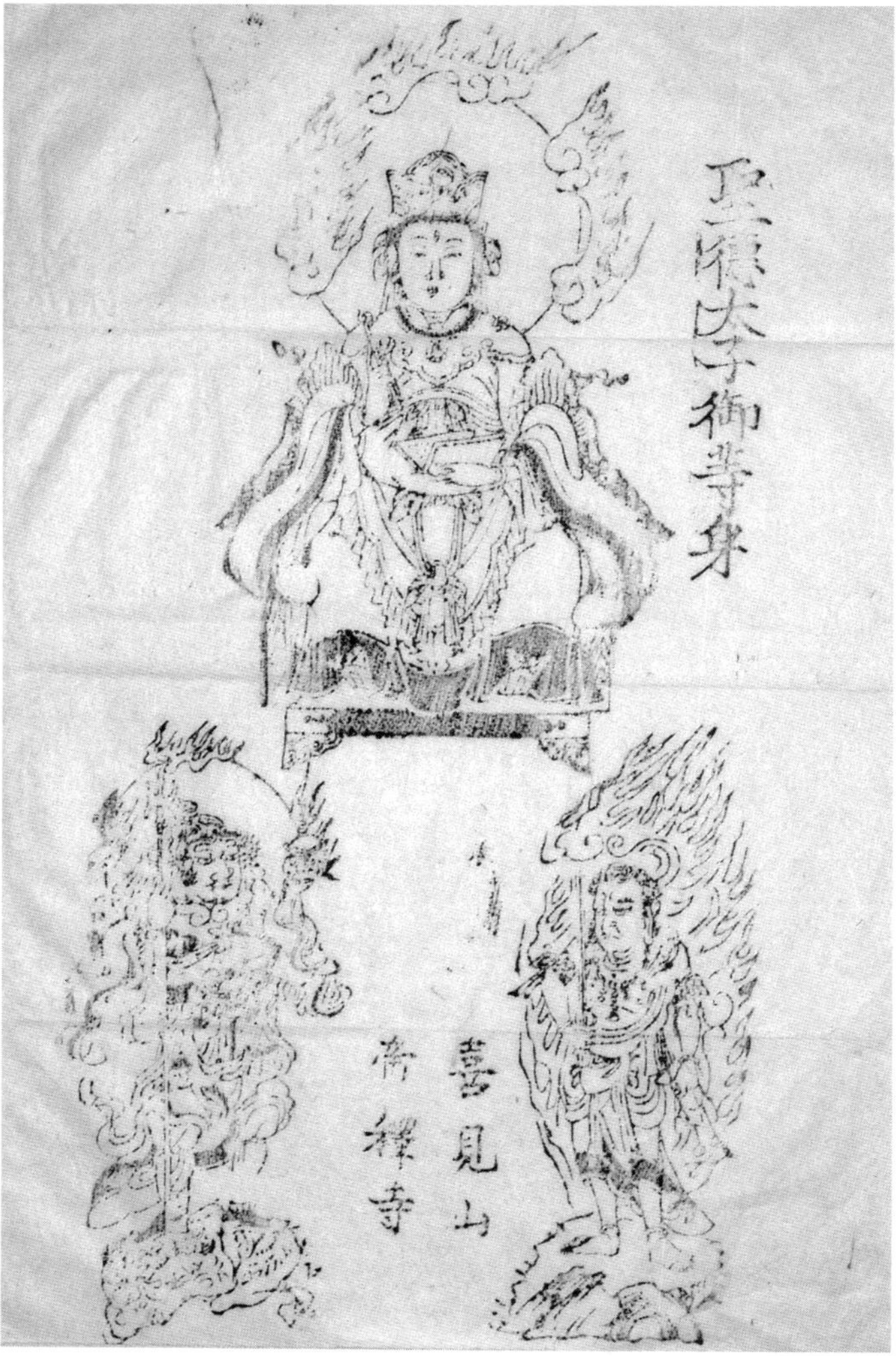

図版３　帝釈天《たいしゃくてん》と毘沙門天・不動明王（帝釈寺・兵庫県）

図版４　柴又帝釈天
（題経寺《だいきょうじ》・東京都）

図版５　信貴山《しぎさん》の毘沙門天（朝護孫子寺《ちょうごそんしじ》・奈良県）

図版６　毘沙門天（天王寺・東京都）

図版８　毘沙門天とむかで
（総持院薄雲御所・京都府）

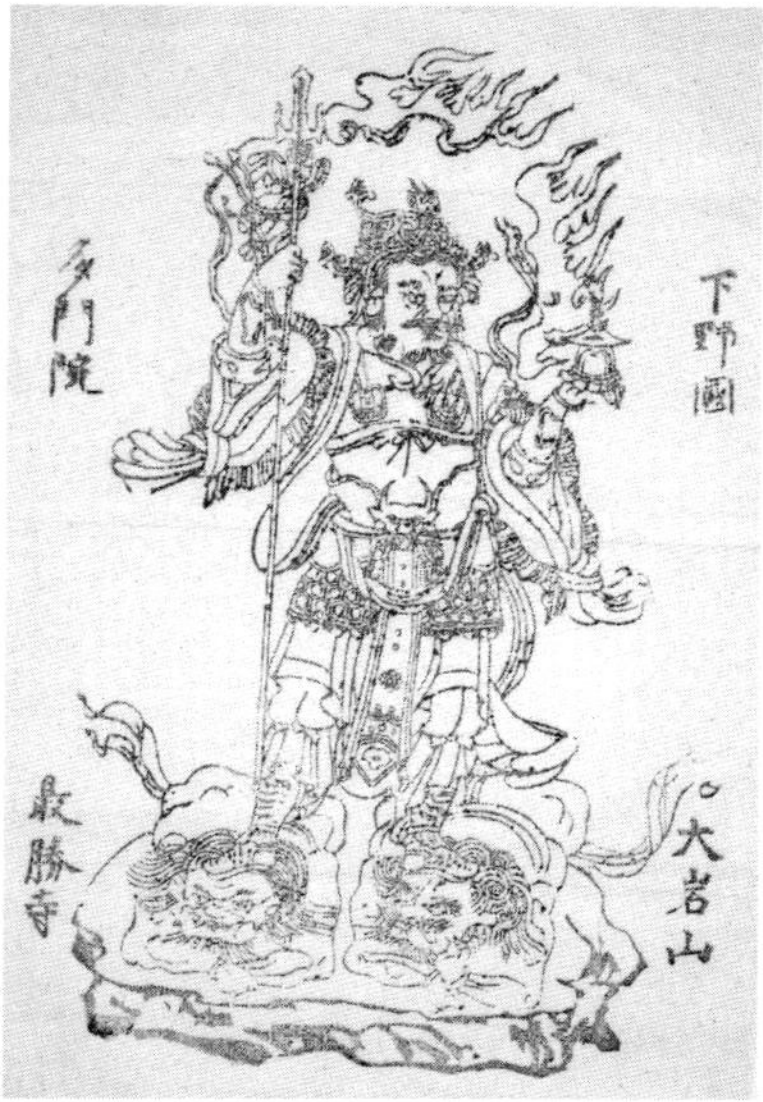

図版７　毘沙門天（最勝寺・栃木県）

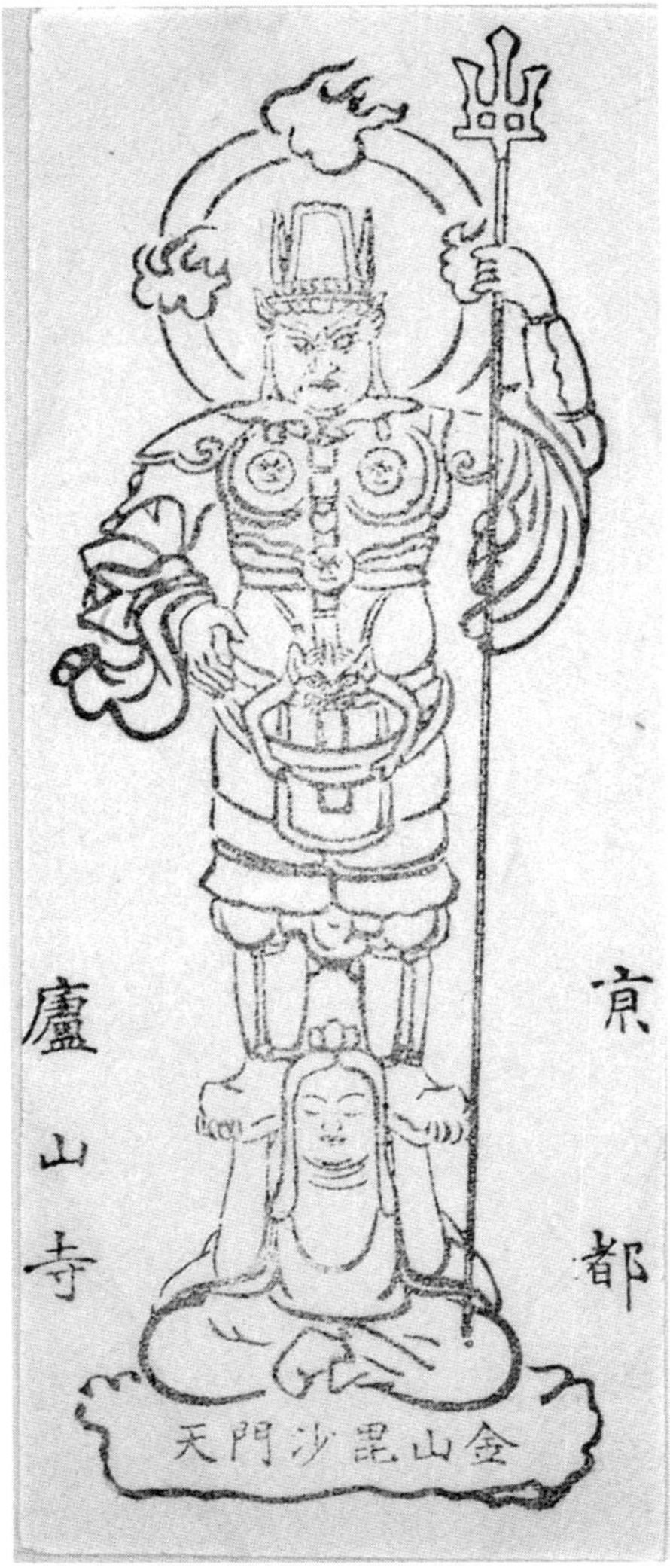

図版９　兜跋《とばつ》毘沙門天（廬山寺《ろざんじ》・京都府）

図版 10　竹生島《ちくぶしま》弁天（宝厳寺・滋賀県）

図版 12　厳島弁天（大願寺・広島県）

図版 11　江ノ島弁天（江島神社・神奈川県）

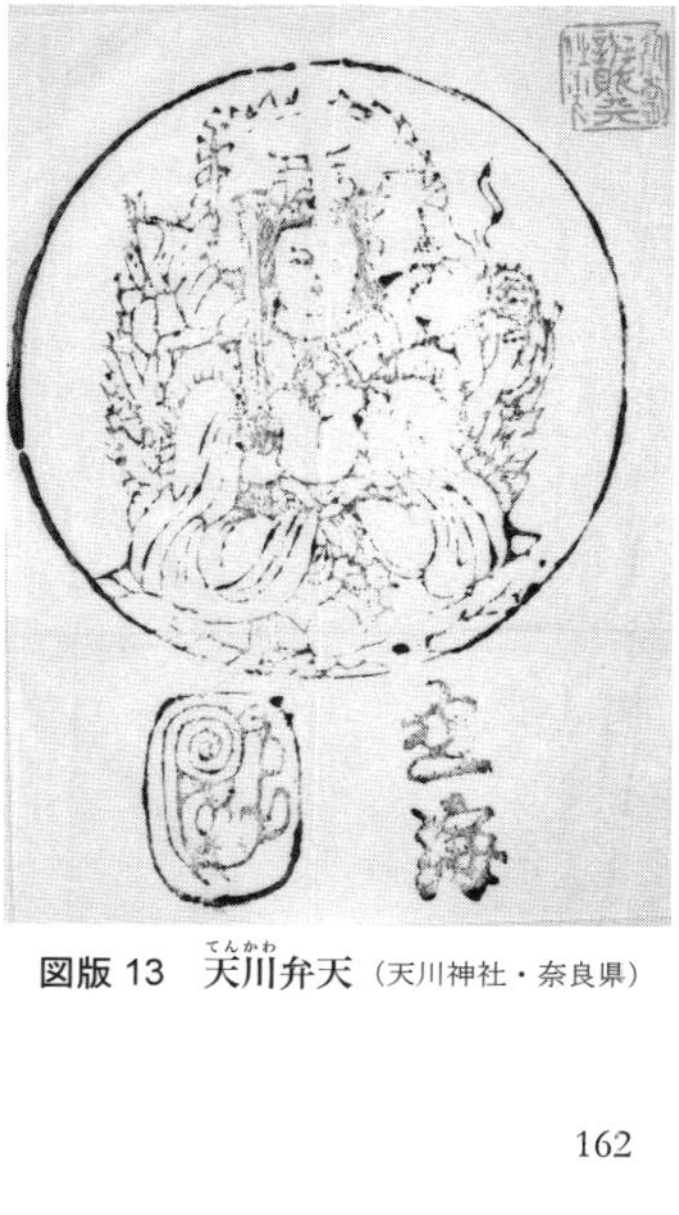

図版 13　天川《てんかわ》弁天（天川神社・奈良県）

図版 14　琵琶弁天（三明寺・愛知県）

図版 16　宇賀神
（円覚寺・神奈川県）

図版 17　弁天眷属
（井之頭大盛寺・東京都）

図版 15　湯浴弁天（光泉寺《こうせんじ》・群馬県）

図版 18　大黒天（上善寺・京都府）

図版 20　三面大黒天（延暦寺・滋賀県）

図版 19　大黒天（延暦寺・滋賀県）

図版 22　融通大黒天（中山寺《なかやまでら》・兵庫県）

図版 21　三面大黒天（円徳院・京都府）

図版 23　大国（黒）天（気多大社《けたたいしゃ》・石川県）

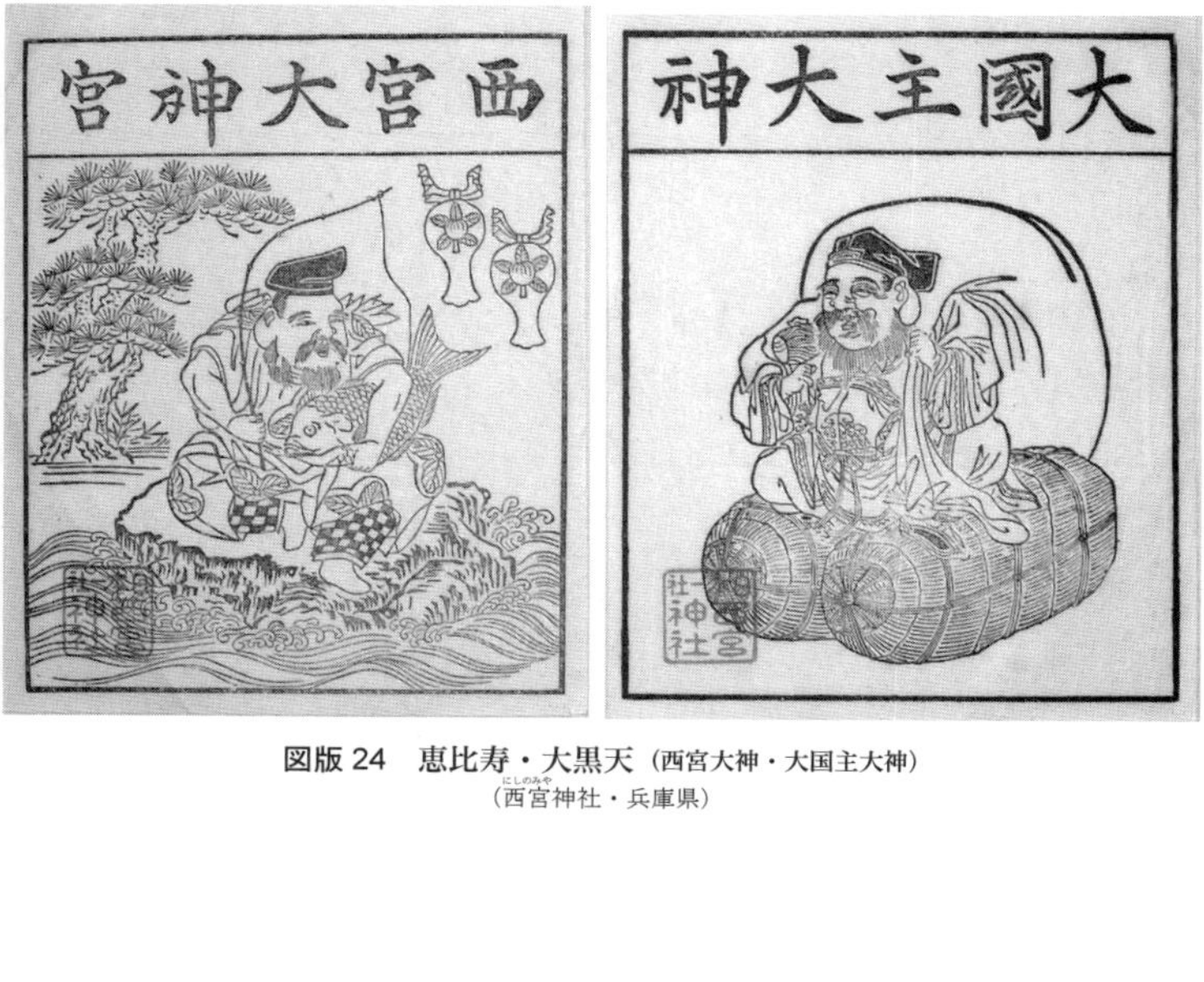

図版 24　恵比寿・大黒天（西宮大神・大国主大神）
（西宮《にしのみや》神社・兵庫県）

図版 25　八大龍王（金剛証寺・三重県）

図版 26　八大龍王（龍光院・大阪府）

図版 27　訶利帝母《かりていも》（金倉寺《こんぞうじ》・四国札所第 76 番・香川県）

図版 28　鬼形鬼子母神（鏡忍寺・千葉県）

高祖大士御開眼日法上人御作
入谷鬼子母神
東都下谷　佛立山真源寺
若不懐姙者
安樂産福子
図版 29　慈母鬼子母神（真源寺・東京都）

奉祈誦陀羅尼品鬼子母尊神守護攸
降伏怨魔　若悩亂者
經力不唐　頭破七分
金照山
本住寺
図版 30　鬼面鬼子母神
（本住寺・山形県）

図版 31　鬼子母神（真成寺《しんじょうじ》・石川県）

図版 32　摩耶夫人（忉《とう》利《り》天上《てんじょう》寺《じ》・兵庫県）

図版 33　聖天（単身毘《び》那《な》夜《や》迦《か》）
（永福寺・岩手県）

図版 34　大聖歓喜天《だいしょうかんぎてん》（双身毘那夜迦）
（聖天院・埼玉県）

図版 35　大聖歓喜天（八栗聖天）
（八栗寺・四国札所第 85 番・香川県）

図版 38　摩利支天（徳大寺・東京都）

図版 36　摩利支天
（泉岳寺・東京都）

図版 37　摩利支天
（禅居庵・京都府）

図版 39　摩利支天 （善光寺釈迦堂・長野県）

図版 40　鎮宅霊符神 （道教占術系統）
（霊符山太陽寺・三重県）

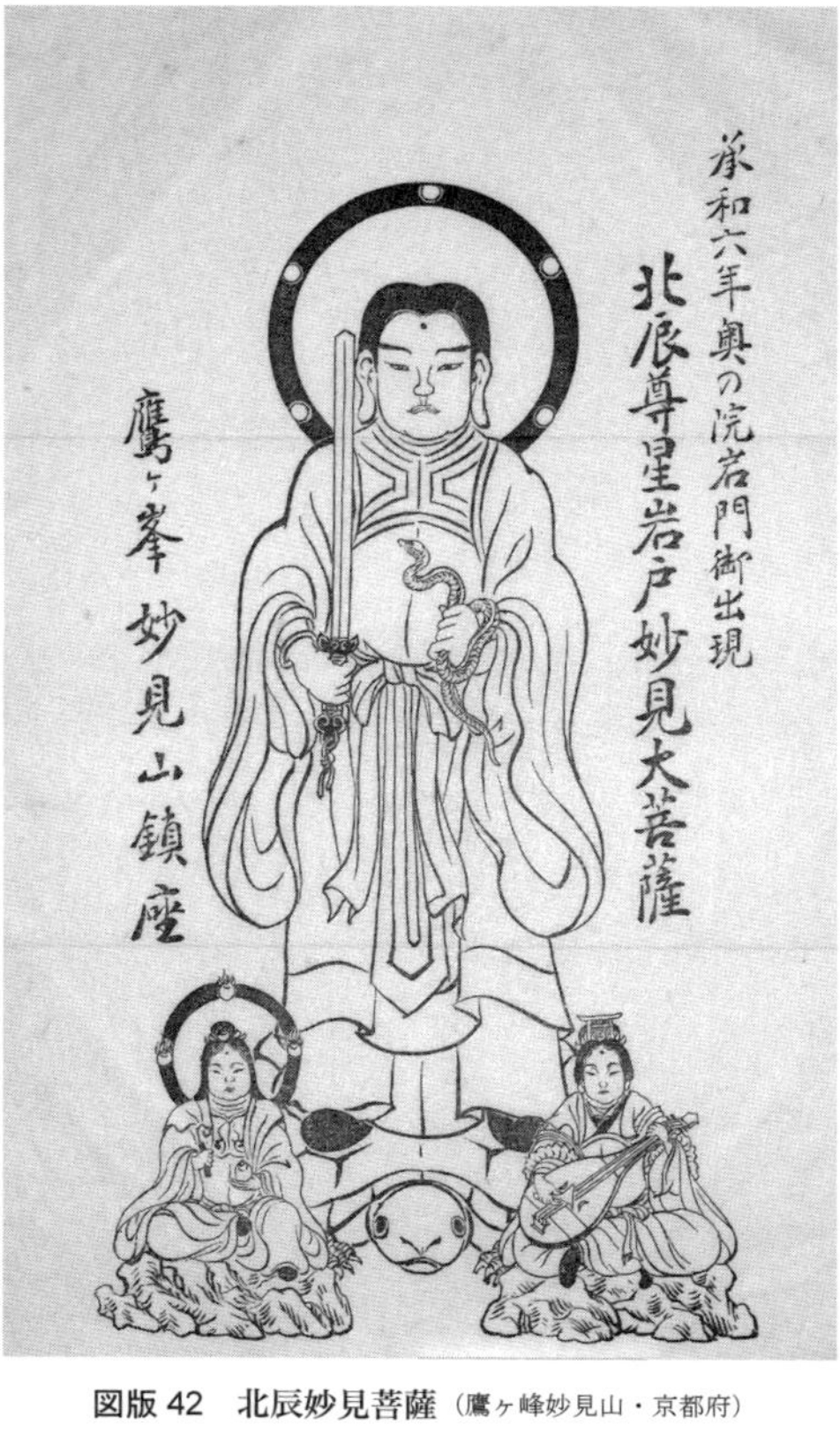

図版 42　北辰妙見菩薩（鷹ヶ峰妙見山・京都府）

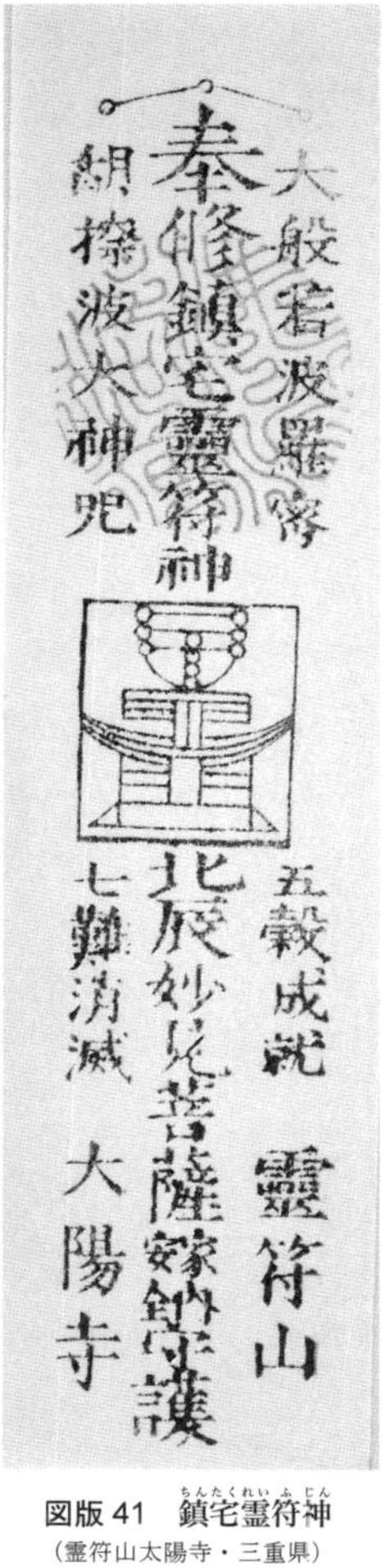

図版 41　鎮宅霊符神《ちんたくれいふじん》
（霊符山太陽寺・三重県）

図版 43　北辰妙見菩薩（妙見寺・千葉県）

図版 44　北辰妙見菩薩（佐渡実相寺・新潟県）

図版 46　妙見尊星王（鷲頭寺《じゅとうじ》・山口県）

図版 45　北辰妙見菩薩
（池上照栄院・東京都）

図版 47　能勢妙見菩薩（本圀寺《ほんこくじ》・京都府）

図版 48　北辰妙見菩薩（柳島妙見）
（法性寺《ほっしょうじ》・東京都）

図版 49　月天子《がってんし》（妙純寺・神奈川県）

図版 50　青面金剛
（八坂庚申堂・京都府）

図版 52　**青面金剛**（四天王寺庚申堂・大阪府）

図版 51　**青面金剛**
（粟田庚申堂尊勝院・京都府）

図版 53　閻魔王（鎌倉円応寺・神奈川県）

図版 54　閻魔王（深川えんま堂法乗院・東京都）

図版 55　閻魔王（壬生寺《みぶでら》・京都府）

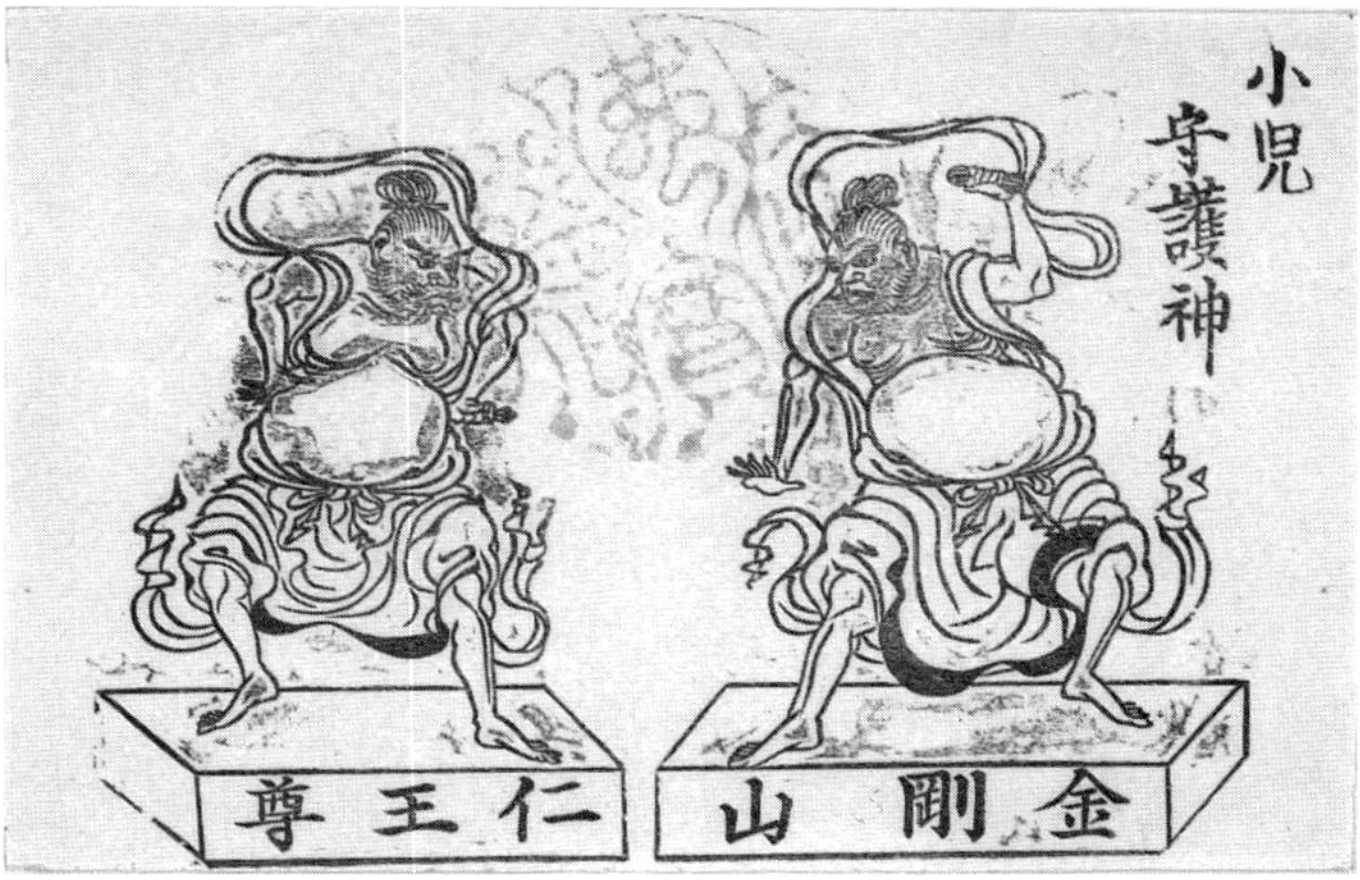

図版 56　仁王（金剛山転法輪寺・奈良県）

図版 57　仁王（羽黒山《はぐろさん》正善院・山形県）

図版 58　仁王（立木観音恵隆寺《えりゅうじ》・福島県）

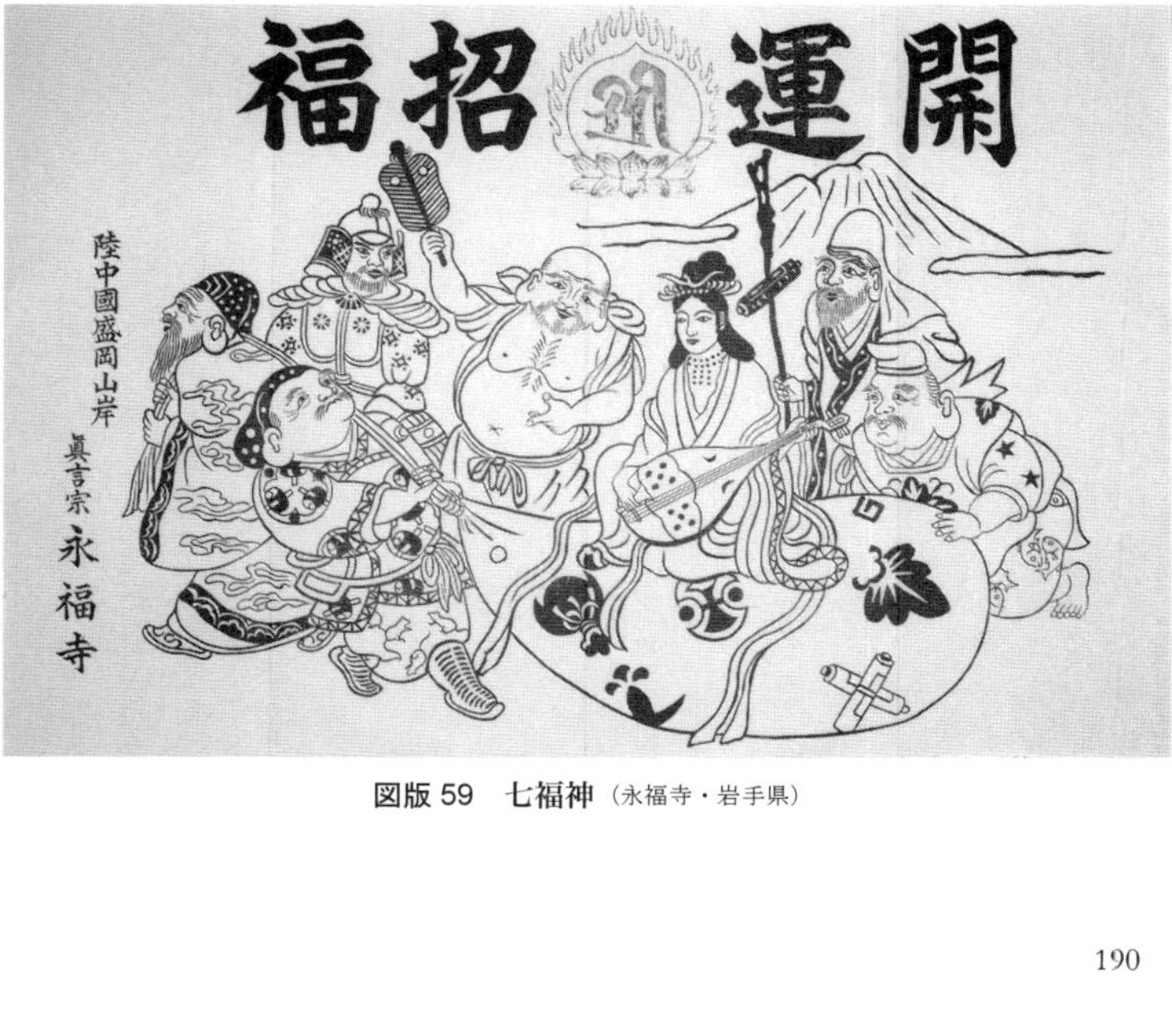

図版 59　七福神（永福寺・岩手県）

古くから中国には神 shen という言葉があった。この言葉は、上級の精霊、神聖化された先祖、または霊的な威力一般を指し、また時には、魔性すれすれの卑小な小精霊たちにも使われていた。仏典の翻訳者がインドのデヴァ・デヴィの概念を中国語に伝訳した時、上界の領域に住むものという意を含ませて、「神」の字よりも、天空の「天」の字の方を好んだ。「天」一字でもって、デヴァ・デヴィを指し現すが、後者には女・子を付け加えることもある（天女・天子など）。

インドの伝統的宇宙論では、世界の中央にスメル（須弥山）という巨大な高山があるとされ、その下方には下級の精霊たち（夜叉やその他）が住み、頂上には「天空的な聖なるもの」、つまりデヴァが住み、そのデヴァの帝王がインドラ（帝釈天《たいしゃくてん》）である。この両者の間、山の中腹四方で、東西南北の四天王が警護に当たっている。次いで須弥山から上に、さらに想像を絶した高所で天空の聖なるものが支配し始め、その最も高い所は無形の領域（無色界）に属する。「天」という言葉は、原則としてこの上界の存在、すなわち四天王に始まり最後の層の形の無い聖なる存在を示すのに限定されていて、一方、下級の精霊たちは上述の「神《じん》」という語にまとめられている。「天」がより高く評価されているのには疑問の余地がなく、「神《じん》」には身近な聖環境に結び付いた親しみの含意があるのだが、時にこの二者の身分を接近させようとする意図が認められる。この含意は日本では、とくに「神《じん》」の語が古来信仰のカミすべてに転用されているだけになおさら強くなっている。こうして一対の、結局のところ同格になった「天神」、「神天」という表現が生まれ、それぞれ大黒天、鬼子母神のように使われている。

すでに述べたように、神々はいかに威力があろうとも他のすべての衆生と同じく輪廻転生の流れの中に運ばれていく。仏陀、菩薩、そして明王というさとりの境地に属するものと違い、彼らはその外の世界にいるが、概して大そう好意的であるように仏教では言われていて、全力を以って仏教の護衛を務め、その信者を保護する。そうすることによって、いつかは彼らもまた輪廻の運命から救われることを希《ねが》っているのである。したがって人間は神々に祈ればよく、また神々のためにも祈ればよい。伝承では、同様に悪い反抗的な神々の例も伝えているが、そういう神に対しては、守護神の、そしてさらに強力な明王の監視がある。しかし仏教によれば、いかなる悪も不治癒ということはなく、悪い神にもいつかはさとりが約束されているのである。

1　帝釈天——ヴェーダ聖典の神々の帝王、強力なるインドラ

「インドラ（Indra）」は〔古代インドの〕ヴェーダ信仰においては、神々の王であった。彼の名は、「王」そのものと同義語となったほどであり、それゆえに仏教徒が、ブラフマー神と共にインドラを仏陀釈尊の親しい随伴神として取り入れた時には、「神々の王（天帝）である強力な神（シャクラ）」と呼び、そ

れが「天帝釈天」と漢訳され、略して「帝釈天」となった。

インドラは、身体巨大で極めて強力（シャクラは強者という意味）と言われ、その初めはインドに侵入したアーリア民族の守護神であったらしいが、それが武人階級クシャトリアの守護神となって残ったようである。文献では武器として、一種の電撃的な棍棒「ヴァジュラ（金剛杵）」を持つとしているが、このヴァジュラというのは、神話的には雷光と同一視されたものであった（またダイアモンドにもたとえられ、後に密教の中で重要な意味を持つことになるのは、周知の通りである）。それに続く時期、それはバラモン教の成熟期になるが、その時代になると、インドラは雷と雨の神という役職を明確にして立ち現れて来た。その乗物とされる白象は、豊穣の水を与える雲と同化された。それ以来、この神は、豊穣の施神と呼ばれるようになったのである（**図版1・2**）。

仏教の宇宙論では、インドラ＝帝釈天の住居は須弥山の頂上、すなわちこの大地の最も高い所となっていて、その上には空中に住む神々（空居《くうご》天）の統治空間が拡がっている。帝釈天は、この須弥山の頂上に、他の三十二神に取り巻かれて在住し——この合わせて三十三（trâyastriṃśa）の神々の国に与えられた名、「忉利天《とうりてん》」という漢音写はそこから来ている——、またその山頂において〔衆生の〕行為を記録し、かくして業の法則の実行に協力するという裁判官の役を果たしているのである。この善悪に報いを与える役職が、豊穣施神という性格に付け加えられ、帝釈天は、運命と財福を左右する神の一神として祈られることになった（**図版3**）。とはいえ、決して仏教の偉大な護衛神であることを放棄したわけではなく、それは東寺の立体マンダラでも見られる通りである。

我々と同様、欲望から離脱できない世界（欲界）に所属しているので、帝釈天は、その同輩の瞑想に専念するブラフマー神（梵天）とは異なり、比較的身近で守護と特別なる計らいを祈願できる神として感じ取られたのであろう。またおそらく、この欲界と全く無縁でないという理由からであろうか、帝釈天が統治する国（忉利天界）は、善業を持ちながら、しかし未だより高い離脱を望み得ぬ女性たちが生まれ変る所ともされている。早逝した釈尊の母、マヤ王妃がその一例であるように。

日本では、帝釈天は何カ所かの独自の祭所を持ってまつられ、その最も有名なのは、東京の東端にある柴又の題経寺《だいきょうじ》である。ここは日蓮宗に属し、山田洋次の寅さん映画で一般に親しまれるようになった。この善悪に報酬を与える神に対する信仰は、ここでは非常に特殊な、中国に本質的源泉を持つ古い庚申夜の実践と結び付いていて（「青面金剛」の項を参照）、この夜は、日頃の過ちの悪報酬を避けるために、とくに身を清めるのが重要とされた。

この寺の本尊は板に彫られた像（板本尊）で、一七七九年の同寺再建工事の際、ちょうど庚申の日に発見された（**図版4**）。そしてそれは、五百年前に没した日蓮上人が自ら彫った帝釈天像であると言われたのである。像は奇妙な素朴な形をしていて、右手には金剛杵の代わりに剣とも棒ともとれる物を持ち、視察に巡回する神を想起させる旅姿、つまり藁の脚半と蓑を付けている。頭上にあるのは、経典に述べられた古いモチーフの宝冠の民衆的解釈であろうか（『日本仏教曼荼羅』第一章参照）。

参考文献

B. Frank, « Les *deva* de la tradition bouddhique et la société japonaise : l'exemple d'Indra/Taishaku-ten », dans *Bouddhisme et société asiatiques — Clergés, sociétés et pouvoirs*, sous la direction d'Alain Forest, Eiichi Kato et Léon Vandermeersch, Paris, L'Harmattan, et Tokyo, Université Sophia, 1990, pp. 61-74;〔rééd. dans〕*Amour, colère, couleur: Essais sur le bouddhisme au Japon, Paris*, Collège de France — Institut des Hautes Etudes Japonaises, 2000, pp. 93-104.（「仏教伝統の神々と日本の社会——帝釈天（インドラ）の場合」、『日本仏教曼荼羅』仏蘭久淳子訳、藤原書店、二〇〇二年、一七—三九頁）。

『密教美術大観』第三巻、朝日新聞社、一九八四年、一四三—一五二頁。

『仏像図彙』Ⅲ、二〇頁ゥ。

2　毘沙門天——北方を守り、財を施す

四天王〔仏教世界の四方角を守る神々〕グループの一員として北方を守っている場合のこの神は、サンスクリット原名の「ヴァイシュラヴァナ（Vaiśravaṇa——至る所で多く聞く令名）」という意味を翻訳した「多聞天」という名で呼ばれるのに対し、この神が独立尊としてまつられる時には、ほとんど常に、「毘沙門天」と呼ばれていて、こちらは原名の理由不明な訛形「ヴァイシュラマナ（Vaiśramaṇa）」の音写の名前である。

そもそも始めから、この神は四天王の中でも主役的な神であって、この神が他の天王のモデルとなっ

たようである。ところで仲間の神々が、この四天王グループ外において祭祀の対象とはなり得なかったのに、ヴァイシュラマナは早々とグループからの自立をうち立てたのであった。

聖徳太子が四天王の恩寵によって、仏教の対抗勢力を破ったという事件があった信貴山《しぎさん》において、この毘沙門だけが「朝護孫子寺」という自分の寺を持つことになり、そしてここは、この神を本尊とする寺では疑いもなく最も有名な寺となって、今日でも夥しい数の院房を誇っている。この地の霊験功徳は平安時代より有名で、十二世紀の名画『信貴山縁起絵巻』が語る通りである（図版５）。

一連の偉大な武人たちがこの寺と関係を持ったのも不思議ではない。一三三六年、後醍醐天皇のために命を捧げた楠木正成は、母が信貴山で祈願した結果、この世に生れたとされていて、幼名を「多聞丸」と名付けられた。そこより遠く離れた越後で生れた有名な上杉謙信（一五三〇—一五七八）もまた、毘沙門の〝申し子〟であったと言われ、それによって自らを毘沙門の子と思っていたし（次項コータン王の条を参照）、またそれゆえに常に彼の本陣旗に「毘」の字を書いて立てていた。

しかし、毘沙門はただ戦において守護神であるだけではない。我々の暮しを脅かす一切の災難を防ぎ、内に向かっては種々の利益を施す。この神の原所在地である須弥山の北は、夜叉たちが守っている財宝に満ちた地があるとされていて（夜叉についてはすでに何度か述べた）、しかもある文献では、この神自体も夜叉の性格を帯びていると述べている。このようにして毘沙門は偉大な富の所持者であり、時にはその分配者だとする伝統がうち立てられた。そしてこの役職において、後期バラモン教のそれに相当する北方主神クベーラと混同されている。この施財神という役職が、日本における毘沙門天の人気に少なからず寄与したのであり、そして、江戸時代に決定的な形に成立した七福神のグループに組み入れられることになったのである（図版59）。

イコノグラフィについて見れば、この尊格はいつも右または左手に塔《ストゥーパ》を高く捧げ持っている。この塔《ストゥーパ》は、充満していたり空になっていたりするが、その中に仏陀の姿が見分けられることもある。塔《ストゥーパ》はすなわち、仏教徒にとって最も聖なるものであり、とくにその見在は世の混乱を鎮めるとされている。しかしながら、この塔の効験はそれに止まらず、宝塔と呼ばれ、愛染明王の「豊穣の壺」と同様に財宝を滲み出すと考えられている。もう一方の手には武器を持つが、それは東寺のマンダラのように槍か、または信貴山のそれのように宝棒である（『日本仏教曼荼羅』第二章参照）（図版6～8）。

参考文献

Hôbôgirin : Dictionnaire encyclopédique du bouddhisme d'après les sources chinoises et japonaises, I, Tokyo, Maison franco-japonaise, 1929, p. 79-83, *s. v. Bishamonten*.

Alfred Foucher, *L'art gréco-bouddhique du Gandhâra*, tome II, Paris, Leroux, 1918, pp. 102 *s*. et 158 *s*.）（毘沙門天の起源およびパーンチカ、マハーラージャ〔日本名・大黒天〕、クベーラについて）

R. A. Stein, article « Gardien de la Porte », dans le *Dictionnaire des mythologies*, Paris, Flammarion, vol. II, 1981, pp. 282 *s*.（毘沙門天の数々の神話的関連について）

宮崎市定「毘沙門天信仰の東遷について」、『アジア史研究』第二巻、東洋史研究会、京都、一九五九年、三〇四—三三五頁。（「ヴァイシュラマナ」という訛形の起源をイランとする仮説や、極東仏教世界に於ける古代イランの概念の影響についての諸説を収載する一九四一年発表の論文の再版）

『密教美術大観』第四巻、朝日新聞社、一九八四年、二二一—二二四頁。

『仏像図彙』Ⅲ、二一頁、Ⅳ、四頁ウ、一三頁ウ。

兜跋《とばつ》毘沙門天

兜跋毘沙門天は、ヴァイシュラヴァナ（毘沙門）の特殊な形態で、その重要な特異性は、半身を現して両手で毘沙門の両足を支えている大地の女神（地天）の存在である。

この女神はすでに述べたように、文献や形像表現では、常に仏教の堅固な支持者として現れている。仏典ではシャカムニが覚《さと》りに至る直前に、誘惑者マーラ（魔）の襲撃を受けた時、地下から現れ出て〔シャカムニを正しいとする〕証明を与えたとされている。

日本で一般的な兜跋《とばつ》毘沙門のイコノグラフィでは、装束・被り物などは北方の守護神（多聞天）と同様になっているが、この尊像の原形は（東寺に伝存する有名な像のように）正面を向いて不動に立ち、多角の冠を着け、膝まで覆う長い鎖帷子《くさりかたびら》を着けたイラン様式の戦士の姿である（図版9）。「トバツ」という名については、語源がはっきりしないままで多くの仮説が立てられて来た（国名か、都邑名か、神名か、衣装名か、など）。すべての点で最も説得力のある説は、M・R－A・スタインの出した説で、それによれば、中国語のトルコ（突厥Tubbat）はトルキスタンを指し、とくにコータン王国を指す言葉であったが、このTubbatが日本語化してトバツになったのであろうと言う。ヴァイシュラヴァナは、コータンの守護神であった。そしてコータンの王は、自分を「神の子（devaputra）」と言い、この神の子孫だとしていた。

この毘沙門の形はこのように、とくにコータン王の威力と神の子孫であることを示そうとし、またそこに明らかにイラン的な王位の尊厳の印を込めたものであるが、これが中国人に受け入れられて、多くの彫像が製作された。話のあら筋が唐時代の末頃となっていて、その源泉に帰せられている伝説は、次のような話である。アンシー〔安西〕は、タリム盆地に向う〔シルクロードの〕北道を監視していた都市であったが、アラブ・チベット・ソグドなど五国の連合軍に包囲され、陥落寸前となっていた。西暦七四二年のことである。皇帝の相談を受けた密教の高僧が毘沙門天に助けを求めるように進言した。しばらく後、金の甲冑の巨大な戦士群がアンシーの北東の空に湧き出て敵を恐怖に落し入れた。そしてついに毘沙門天自身が上記の姿の下に〔街の〕北門の上に立ったので、人々は急ぎそれを描き写した。後になって同じ様な像を各都市、各寺院に設置するよう、全国に指令が出されたということである。

この習慣は平安京でも取り入れられ、都の中央門である羅生門に、九世紀初頭中国より持って来られた兜跋毘沙門像が安置された。

今日では東寺にまつられている像である。多くの類似の像が同世紀、そして次の世紀にも造立され、この国の警戒すべき地点と見なされた場所に安置されていった。例えば、官軍が蝦夷平定のために進んで行った東北地方の諸点で、その中でも最も印象的な像は、岩手県の鳴島の毘沙門であろう。制作は十一世紀になるようであり、本尊を支える地神を入れれば四、七〇メートルを越える高さである。

ほとんどの兜跋毘沙門は、普通の毘沙門のように左手に塔《ストゥーパ》を持ち、右手には槍か、または宝棒を持っている。

参考文献

Hôbôgirin : Dictionnaire encyclopédique du bouddhisme d'après les sources chinoises et japonaises, I, Tokyo, Maison franco-japonaise, 1929, p. 81-82, 83 *s. v. bishamonten*.

R. A. Stein, *Recherches sur l'épopée et le barde au Tibet*, Paris, Presses universitaires de France, 1958, pp.282-284 (Bibliothèque de l'Institut des Hautes Etudes Chinoises, vol. XIII).

Phyllis Granoff, « Tobatsu Bishamon : Three Japanese Statues in the United States and an Outline of the Rise of this Cult in East Asia », *East and West*, nouv. séries, vol.20,1-2, Rome, mars-juin 1970, pp.144-167, 32 fig.

Manuscrits et peintures de Touen-houang, Mission Pelliot, 1906-1909, Collection de la Bibliothèque Nationale et du musée Guimet, Paris, 1947, n° 180, p. 40 : même *Mission*, vol. XIV, *Bannières et peintures de Tobatsu Bishamon-ten conservées au musée Guimet*, par Nicolas-Vandier et autres, 1974, n° 8, 189 et 191, et pl. 16 ; vol. XV, pp. 8 et 116.

錦織亮介『天部の仏像事典』東京美術選書35、一九八三年、七八—八二頁。

久野健『東北古代彫刻史の研究』中央公論美術出版、一九七一年、二二—二五頁。

『密教美術大観』第四巻、朝日新聞社、一九八四年、二五—二七頁。

3　弁才天——聖なる河の神格化、音楽・芸能の神

この女神のサンスクリット名、「サラスヴァティー（Sarasvatī）」は「池沼に恵まれた」という意味で、インドのその起源は、ある聖なる河の神格化であった、ということを想起させるものである。その河

は、実在の河川の中で探し求められていたが、最近支持されている意見によれば、それは外ならぬ天の川であろうと言う。

ヴェーダの時代にまで遡ったある伝統は、美しいせせらぎの響きで音楽を思わせるその河の流れを称揚し、また後には存在の根源とされるところの言葉そのもの（Vâc）を想起させると称え尊んだ。また「言語の女神（Vâgdevî）」とも呼ばれ、ザラスヴァティーは、ブラーマ神の妃――または娘――と考えられるようになる。そういう性格からこの女神は、サンスクリット語の創案者、文法のパトロン、弁舌、インテリジェンス、そしてすべての芸術と技術、ことに戦いの守護神と見なされるようになった。中国での仏教経典の翻訳者が、なぜこの女神の名を「弁才天」と漢訳したか（弁舌と才能の女神（天）、または単に弁才の女神（天）と解釈すべきか）、納得できるものである。

初期仏教ではこの女神は、ほとんど注目されず、その宇宙観の中の、須弥山を中心に考えられた三区域にも、その上空に広がっていく天層においても、弁才天については言及していない。ところが大乗仏教と共に、この女神は堂々とその経典の中に登場して来るのである。例えば「金光明最勝王経」の中では、吉祥天と共にとりわけ富を施す神として、強固な信者を助け守護することを約して立ち現れている。

このお経が大いに尊ばれた奈良時代には、この二女神は組み合わされて並列されているとはいえ、祭祀上では全く同じ重要性を持ってはいなかった。吉祥天だけが、罪過を滅することによって国の安泰と繁栄を確保するという悔過《けか》の修法に基づいた、特殊な祭儀の対象となっている。この世紀に造られたいくつかの吉祥天像が残っているが、弁才天の重要な作例は見られない。ただ唐代の形式美で、吉祥天と相似に組み合わされた塑像が東大寺の法華堂に残っているが、不幸にして毀損が甚だしい。

しかしながら、平安時代の間に、後のこの二女神の地位の逆転に寄与することになる決定的な出来事が生じた（その最初の確証は十二世紀の初頭のようである）。弁才天は、上述したように本質的に水生の神であるが、当然ながら、北琵琶湖の竹生島《ちくぶじま》に古くから存在していた豊穣の神と同一視されるようになって来たのである（図版10）。そこから、十二世紀末には、この祭祀は鎌倉の新幕府に近い江ノ島に及んだ（図版11）。やがて瀬戸内海の神聖な厳島（図版12）に、次いで北部の太平洋岸金華山にまで分散していく。またその間に、大和天川《てんかわ》（図版13）に別の弁天祭祀堂が重要な位置を占め始める（天川は「神の川」であるが、天《あま》の川とも読み取れよう）。以上がいわゆる「日本五弁天」と言われるものである。日本の至る所の井戸や泉、川の源、池、上記のような島々にこうして弁天堂が増えていき、仏教形式のみならず、爾来日本古来の信仰との間に結んだ密接な関係のために神道形式でもってもまつられるようになった。

この神道との結び付きは、イコノグラフィの上では、弁天の頭上にとぐろを巻いた小さな人面の白蛇を置くことによって表現されている（十四世紀以前には見られないようである）。この白蛇は、宇賀神という名で知られる日本の古い食料と豊穣の神の表象に他ならない（図版16）。この日本固有の神の存在が、このインド出自の女神の額上に鳥居を据えるという結果をもたらした。ここに、仏教と神道の関係に印された最も著しい逆の習合結果（仏教の神道化）の証しを見るべきであろう。

この弁天と宇賀神との結合、およびこの女神の中に発展した他のいくつかの財福神としての特徴は、中世を通じて日本で編纂された偽経類の中に示されているものである。このような展開の結果として、弁才天の名の第二字「才」が同音の「財」に位置をゆずり、昔のパートナー吉祥天の姿を吸収してしまう。しばらくの逡巡期間があったが、やがて吉祥天ではなく、この弁才天の方が七福神の中に取り入れられていった。吉祥天を相続して力を増した弁天は、常に白肌の理想的な美人に表され、同時に施財神、音楽神、そして人は抗い難く水辺でその存在に出会うのである。その祭所には何かしら神秘が漂い、そしてこの女神は嫉妬深いとされている。

弁天には大きく分けて二種の形が存在する。第一は「琵琶弁天」で、「妙音天」とも言われている。その琵琶はインドのヴィーナの代わりで、この女神のイコノグラフィの特徴となっていたものである(図版14)。この形姿は胎蔵曼荼羅によって日本に導入されたが、祭祀の上では比較的秘密になっているものが多く、よく裸形に実際の衣装を着けて使われ、鎌倉時代に流行した。最も有名な裸形弁天は鎌倉市の国宝館に保存されている。大衆的な絵姿として流布したのはこの形であり、七福神の図(図版59)においても、いつもこの姿である。ところが逆説的に、この形は、一般の祭祀においてはほとんど使われてはいない(図版15)。

もう一方の形は、いたる所の弁天の社や寺で見られる形姿で、『最勝王経』に示されている形である。部分的には中世の偽経によって変形されているが、八臂が多く、主臂の左は如意宝珠を持ち――これは吉祥天からの拝借であろう――右には『最勝王経』が所依の剣を持っている。ここではおそらく明晰な精神のシンボルとなっているのであろう。その他にも「到達」の意味を持つ弓と矢、捕縛の羂索《けんさく》などが持物として挙げられるが、そういう武器と共に鍵が挙げられる。これは精神的には「真実」の扉を開けるもの、経済的な意味では倉を開けるものという二重の意味を持っている（図版10・11）。

参考文献

Hôbôgirin : Dictionnaire encyclopédique du bouddhisme d'après les sources chinoises et japonaises, I, Tokyo, Maison franco-japonaise, 1929, pp. 63-65, *s. v. Benzaiten*.

Louis Renou, Jean Filliozat et autres, *L'Inde classique, Manuel des études indiennes*, I, Paris, Hanoï, Payot, Imprimerie nationale, 1947, §653, 1069, 1112（dus à Louis Renou）.

Michael Witzel, « Sur le chemin du ciel », *Bulletin d'études indiennes*, n° 2, Association française pour les études sanskrites, Paris, 1984, pp. 213 *s.*, notamment, pp. 217-218.

M.-Th. De Mallmann, *Introduction à l'iconographie du tântrisme bouddhique*, Paris, Centre de recherches sur l'Asie centrale et la Haute-Asie, 1979, pp. 336-338.

« Un aspect de Sarasvatî dans le tântrisme bouddhique », *Actes du XXIXe Congrès international des Orientalistes*, Paris, 1973, *Inde ancienne*, vol. I, Paris, l'Asiathèque, 1976, pp. 22-26.

Bannières et peintures de Touen-houang, n°8, p. 18 ; vol. et planches, p. 6.

喜田貞吉『福神の研究』日本学術普及会、一九三九年、二一四頁以下。

錦織亮介『天部の仏像事典』東京美術選書35、一九八三年、一一四―一二九頁。

『密教美術大観』第四巻、朝日新聞社、一九八四年、三六頁および二一一頁。

『鎌倉国宝館図録』彫刻、Ⅱ、一九五四年、図録5、6。

『仏像図彙』Ⅲ、7、22ウ。

Annuaire du Collège de France, 1979-1980, pp. 654-657 ;（rééd.）Bernard Frank, *Dieux et Bouddhas au Japon*, Paris, Editions Odile Jacob, 2000, pp. 67-70.

4　大黒天――偉大なる黒（時間）という破壊神から富の神へ

「大黒」という名は、全く対立した二つの様相の像を含んでおり、一方は穏やかな表情で、他方は恐るべき形相をしている。これはただ同名の二尊があるということではなく、正真正銘、同じ尊格が全く異なった二つの形相を持っているのである。この二つの様相の接点を把握することは難しい。円満相の方が結局のところ元の相のようであり、日本で非常に人気を得ているのはこちらで、それに反して忿怒相の方はほとんど一般には知られていない。ところが後者の方が、密教における尊像体系の中に組み入れられて、より重要視されるという特権を得て、結果として第一に挙げられている。

大黒は、「偉大なる黒（暗黒）」という意味で、サンスクリット（マハキャラ Mahâkâla）の全く文字通りの翻訳である。この名前は、この尊格が、通常、黒い体をしていると言われていることに由来すると考えられるが、その理由については後述することにしよう。しかしながら、「キャラ（kâla）」の中には同時に「時」という意味の語が認められる。それならば「マハーカーラ」は、「時という偉大なるもの」という意味に解釈され、それはすなわち「時間」という破壊者、つまりシヴァ神の一別名となるのである。

アルフレッド・フーシェ（Alfred Foucher）は、ガンダーラ美術の中に、彼が「財福の守護精霊」と名付けたところの崇拝体の像が、いかに多く残っているかを見事に証明した。この「財福の守護精霊」は、その本性によって上級神ではなく、仏教の中によく現れる一種の半神、つまり夜叉であるが（これについては今までに度々ふれて来た）、この夜叉は、「パーンチカ（Pāñcika）」という名で、財福を分け与える役目を持つので黄金袋を持物とし、飽食家らしい太腹をしているとされていた。それに加えて、他にも例が見られるように、夜叉の仲間から将軍という喜ばしい位階を授与されて、そのために標しとして槍を割り当てられているが、時にはそれが棍棒の武器になっている。また北方の大守護神毘沙門天の統治下に置かれて、この毘沙門天の特徴のいくつかと入れ替えがあったようであり、やがてそれが槍を持つ厳しい戦闘士のタイプと、もう一つは太って短躯で財布は離さず、他方の手は武器を持つか、または持たずか、という二つのタイプに分枝していき、それぞれ違ったスタイルの下に守護と施福という役職に従事することになった。

中国の巡礼僧義浄《ぎじょう》（Yijing）は、七世紀末にインドに赴いた僧であるが、なぜに、この金入れを持った小神の木像が、大寺の門下に、または食厨の柱側に据えられているかについて説明している。その神は、仏教徒団を愛し、その願いを叶えると言われるが、さてその神は「大黒《マハーカラ》」という渾名で呼ばれている、と。なぜならその像は、いつも油で拭かれて黒くなっているからだ、と。義浄は、さらに付加えて、古代からの相承によれば、この好意的な神は「大自在天」とも呼ばれるシヴァ神に従属していると書いている。

しかしこれが、パーンチカが「大黒」という別名を貰った原因なのかは決して確かなことではない。

ただ、その原因が何であったとしても、このパーンチカ夜叉と、上述のように、破壊神「時」という意味においてマハーカーラ（大黒）である著名なシヴァ神とを結び合わせた道理は、決して驚くべきことではなかった。黒色はシヴァ神自身の色ではないが、もう一つの破壊者ヤマ（えんま、冥界の神）の色であるだけに、ますます黒と我々の夜叉が同化されるという予想通りの結果をもたらしたのである。

同じ神が同時にそして補足的に、豊穣神という生命を与える面と、破壊神の両面を持っていることは、インド世界ではごく普通の考えである。にもかかわらず、大黒天の「食物を与える者」としての性格をより明瞭に示すために、ある伝統では大地の女神という「支え養う神」と一体、または同じであると認め、「維持する神」ヴィシュヌ神とさえ一緒と見なすことになった。

仏教では、大黒に与えられたこの明らかにシヴァ神化された忿怒の形の中に、無常についての観想を培う一種のメメント・モリ（「死を忘れるな」の意味）を見ることを怠らなかった。輪廻六道を表象する輪を爪に持った、かの夜叉を想起させるような……。しかしその他にも、すべての強力な、あるいは恐るべき欲動を具現した神々と同様に、それをただ瞑想の対象としてのみでなく、悪魔祓いとしても強力なエネルギーを認め、ついにすべての危害に対して使用することになった。忿怒相の大黒神が、戦闘神たちの中で、かくも恐るべき尊格として是認されていても驚くに当らないし、おそらくそれは、夜叉の将軍であったパーンチカから武者の性質を間違いなく相続したものであろう。

忿怒形大黒の像は、インド・チベット・中国の芸術に数多くの例が見られるが、それに反し、上述したように、日本においてはほとんど目立たない存在で、密教の最も閉鎖的な儀式の中に限られている。これは九世紀の初め、胎蔵曼荼羅と共に天台宗・真言宗の創始者によって導入され、そこで知られるようになった。胎蔵曼荼羅の中では、これもまたシヴァ神の一変形である伊舎那天《いしゃなてん》の近くに位置している。このマンダラに描かれた形は、一見「金の財布を持った守護夜叉」と全く関係がないようであるが、しかし少なくとも根本要素であった短身で太ったところが認められる。

ここに挙げる、千松山上善寺（京都市）のお札《ふだ》は、片足を折り、片足を垂らして坐し、左手に金貨袋を持っているが、わずかな相違を除き、巡礼僧義浄が、七世紀末にインドの僧院の中で見て書き残したタイプに合致している。右手には毘沙門天の持物に似た宝棒を持っているが、毘沙門天との関係については上述した通りである。着衣は戦士的なもので、大黒天の遠い出自が夜叉達の将軍であったことを想起させる。その役職はただの守護ではなく、戦に勝つことを祈願されたのであり、施福神の印の金貨袋を持っているものの、厳しい表情を保っている大黒天である（図版18・19）。

西暦八〇五年、中国から帰国した日本天台宗の創始者伝教大師が、寺院の守護神として大黒天信仰を導入したと言われており、今日でも天台宗の寺の中には、この大陸からもたらされた形の大黒天をまつる習わしが残っている。「三体合体大黒天」というのは、大黒・弁才・毘沙門の三天を合わせて同一修法でまつる天台宗の伝統から来ている（図版20・21）。

日本では鎌倉後期、とくに室町時代から（約十四世紀、とくに十五世紀から）農業・職人工業が次第に成長拡大し、商人階級が確立し、豊かになっていく。財福の神の信仰も同様に活発になり、新しい需要と熱望を反映して多様な展開を見せた。弁才天の場合にそれが言えるが、大黒天に関しても同様で、その祭祀は、昔は寺院の中に閉じ籠り、主に食糧供給の確保を祈られていたが、その頃から、より広くすべての人々の幸福のために飛躍した。その像が持っている金嚢は、元の財布より遥かに大きくなっているにもかかわらず、まだ人々の欲求を満たすには表現不足であったらしく、足下に二つの米俵が、多くを語らぬ荷葉台の代わりに付加えられた。右手に持っていた宝棒は「打出の小槌」に取り替えられた（図版22）。こういうのが大黒天の像姿として、時には玉のように膨らんで定着し、かくしてついに七福神のグループに入ったのである（図版59）。

大黒天像のこの人気に大きく寄与したのは、日本の古代神話に重要な役割を演じた大国主命との同一化であろう。大国主命は、土地を開墾し、農業を起こし、人々に医術や占法を教え、海の向うから来た短躯の、鳥羽の衣を着た少名毘古那《すくなひこな》命と協力して出雲地方の文明を推進した。最後には、この平和なよく治められた国を天孫瓊瓊杵尊《ににぎのみこと》に渡し、こうして後の天皇の治世が始まるのだが、さて、この大国《おおくに》を漢音で読めばダイコクで、大黒の名と同音になる。その他にも大国主命は、若い頃、兄たちの袋を持たされたという伝説がある。この出雲の神は「大くに（地）の主」であり、一方で大黒天は、上述したように大地の女神の変身と見なされている。こういうすべてが彼らを近づけた（図版23）。そして、いかにもありそうに思われるのは、このインドの古い背景を持つ夜叉出身の、短躯でがっしりした仏教の半神との同化がなされた経緯には、短身の不思議な大国主命の分身、少名毘古那が全く無関係ではなかったのではないかということである。

参考文献
Alfred Foucher, *L'art gréco-bouddhique du Gandhâra*, II, Paris, Leroux, 1918, pp. 102-130, 142-156.
M.-Th. De Mallmann, *Introduction à l'iconographie du tântrisme bouddhique*, Paris, Centre de recherches sur l'Asie centrale et la Haute-Asie, 1979, pp. 238-239.
R. A. Stein, article « Gardien de la Porte », dans le *Dictionnaire des mythologies*, Paris, Flammarion, 1981, vol. II, pp. 282-283 et *passim*.
中川善教『大黒天神考』高野山、親王院、一九六四年、三―一五頁。
錦織亮介『天部の仏像事典』東京美術選書35、一九八三年、一九四―一九六頁。

恵比須・大黒

室町時代中期、つまりおおよそ十五世紀を通じて、大国主命と大黒天の同一視が成立し、すでに平安時代から知られていた「えびす」という名の日本固有の神と一対にされるようになった。「えびす」は、一説によれば「夷《えびす》」、すなわち異邦人で、海の彼方から「客人《まれびと》神」が海の幸を持って着岸するという信仰と関係があるのではないかと考えられている。

夷神は、西の宮を本宮としてまつられていたが、いつしか海人たちが信仰していた「三郎」という神と一緒になり、ついに盛んなこの地方の漁業の守護神となるに至った。この西宮の伝承によると、その起源は葦舟に乗せられてこの地に漂着した蛭子《ひるこ》神（伊耶那美・伊耶那岐の間に生れた足萎子）ということである。また別説では、大国主命の長男事代主《ことしろぬし》命だと言われ、大国主命に同化された大黒と親子として一対になったのであろうか。

大黒と恵比須は、民衆の信仰において切り離せないものとなり、一緒に七福神のグループに入れられた。打出の小槌を持った大黒と、大鯛を抱えた恵比須が一組で、今でもお寺や民家の玄関、台所などにまつられていることが多い（図版24）。

5　八大竜王――仏法に帰依し、仏法のために尽くす龍たち

インドにおけるナーガ（ナーギはその女性形）は、強力な神通力を持った蛇身の水棲鬼霊で、中国では竜と同一視された。彼らは雨を司り、豊穣と富を施すとされ、それゆえに蛇として危険視され、恐れられつつも信仰の対象となり、ことに請雨や洪水停止を祈願された。数多くの説話に、ナーガが仏教に改信して護法神となったことが語られている。

彼らの中でとくに強力とされた八匹（？）が王と認められ、それが八大竜王である（八という数字は四方角とその中間方位を加えた数）。その中でもまた最も優れた竜王は難陀《なんだ》竜王と呼ばれ、通常、八大竜王の代表として、この竜王が描かれる（図版25）。八大竜王は多くの文献に現れ、『法華経』の中では、このお経の熱烈な信奉者として登場している。

日本においても竜王をまつる祀堂はところどころに見られ、生駒山《いこまやま》のように有名な霊場となってい

る所もある。
竜王たちは、池・淵・洞窟などの中に住むとされ、その王宮（竜宮）は大海の底にあると言われる。伝承では、その神通力は彼らが所有する如意宝珠の中に秘められているとされている。本来の姿である竜または蛇の姿で表現されるが、豪華な中国風の衣装を着た人間の形で現されることもあり、またしばしば両方が組み合わされ、その場合は、竜または蛇が背後から頭上に上体を見せている（図版26）。

参考文献

M. W. de Visser, *The Dragon in China and Japan*, Amsterdam, Johannes Müller, 1913, *passim*.
Annuaire du Collège de France, 1984-1985, pp. 682 et 686-688 ; (rééd.) Bernard Frank, *Dieux et Bouddhas au Japon*, Paris, Editions Odile Jacob, 2000, p. 172 et pp. 178-179.
錦織亮介『天部の仏像事典』東京美術選書35、一九八三年、三二一―三六頁。
『密教美術大観』第四巻、朝日新聞社、一九八四年、六五―六七頁。
『仏像図彙』Ⅳ、5。

6　鬼子母神《きしもじん》――鬼女の過去を持つ幼児の守護神

鬼子母神は、日本の仏教パンテオンの中でも最もポピュラーな一尊である。文字通りに解釈すれば「鬼子の母である神」という意味のこの名は、中国において与えられた名で、インド世界で知られていた原名の「ハリチ母神（mâtṛ Hârîtî）」の意味を伝えようとしたものである。この原名は、日本では訶梨《かり》帝《てい》–母《も》という音訳形で残っている。最も信憑性あるハリチという名の説明をするとすれば、これは「取る」という語幹に接続していて、おそらく「人攫い」というようなものであろう。

他にもハリチ（訶梨帝）は母神（mâtṛ）という、病で人の命を奪う恐るべき鬼類に属していて、人々は、その鬼たちの傾向を逆の方に導くために称号を唱えて天恵を乞うたのであった。ハリチの本性は、「ヤクシニー（Yakṣiṇî）」、つまり雌夜叉である。夜叉の仕業についてはいく度か述べて来たが、彼らは善良な守護者となり得るものの、基本的にはひどく安心ならない存在と考えられていたのである。

鬼子母神の由来伝説では、彼女は人喰い鬼とされていて、釈尊が王舎城に住んでいた頃、その近辺で子供を食べて人々を悲しませていたという。彼女自身多くの子供を持ち——ある伝説では五百人の息子という——、その子たちを人肉で養っていた。善処を嘆願された釈尊は、ハリチの最愛の末子を托鉢《たくはつ》の鉢の下に隠した。末子を失くして狂乱したハリチは突然、彼女に子を奪われた母親たちの大きな悲しみが分かり、悔悟して、以後人を苦しめないことを誓った。しかし、彼女とその子供たちはその後何を食べようかと心配していたので、釈尊は寺院で供物の食物を与えることを約した。この伝説は少なくともある部分で、疱瘡神をまつる信仰に通じるものがあるように思われる。

悔い改めて、「人攫い」であったハリチ（鬼子母神）は、正反対に、母と子供のために注意深い保護者に、また子授け神に変貌した。巡礼僧義浄《ぎじょう》の記録によっても、諸国に残された多くの彫刻・絵画芸術においても、彼女は一人の小児を抱き、しばしば大勢の子供に取り巻かれて描写されている。アルフレッド・フーシェが、彼女を「仏教のマドンナ」として取上げたように。フーシェがそれと共に指摘しているのは、インドでもガンダーラでも同じく、ハリチは同類の夜叉パーンチカ——この夜叉についてはは大黒天の原形としてすでに見た通りである——と組み合わされていることで、この施財と子授けの二面を持つ一組を「保護神夫婦」と呼んでいる。

奈良時代後半に訶梨帝母《かりていも》信仰は——当時はむしろこの名で呼ばれていた——、日本に導入されたが、初期は主として密教系の、訶梨帝母経などの教えに基づいたものであった（図版27）。しかし、この信仰の決定的な推進力となるのは、重要な法華経の中の、鬼女によって高らかになされた誓盟であり、それによれば、彼女たちは全力をもって忠実な法華経信者を護ろうということであった（「法華経陀羅尼品」）。日蓮宗は、衆知の通り、他宗と比較にならぬほど法華経を重要視したので、それが鬼子母神信仰の発展と大衆化に大いに寄与したのである。とくに著名なのは、東京目白の雑司が谷鬼子母神の寺であろう。他にも千葉県加茂川の鏡忍寺《きょうにんじ》（図版28）、また、中山の法華寺大荒行堂などが有名である。

最も一般的な像容は「慈母」姿で、左手で懐に入れた幼児を抱き、右手にざくろの枝を持つ（図版29）。美しい赤い実で満ちたこの果物は、元人喰い鬼の代用食とも、また女性の多産の保証ともされている。顔は善意に満ちた表情とはいえ、仏師は根強く定着した習わしに従い、フーシェが書いているような初期ハリチの「残酷な性向」の名残りとして、歯を露わに彫っているのを見逃せない（図版30・31）。

参考文献

Alfred Foucher, « La Madone bouddhique », *Monuments et Mémoires de l'Académie des Inscriptions et Belles-Lettres*, XVII, 2 (1910).
Alfred Foucher, *L'art gréo-bouddhique du Gandhâra*, tome II, Paris, Leroux, 1918, pp. 130-155 et *passim*, entre autres, p. 515, fig. 487.
Noël Péri, « Hârîtî, la Mère-de-démons », *Bulletin de l'Ecole française d'Extrême-Orient*, XVII, 3, Hanoi, 1917, pp. 1-102.
Jean Filliozat, *Etude de démonologie indienne — Le Kumâratantra de Râvana et les textes parallèles...*, Paris, 1937, *passim*, notamment pp. 148-153.
R. A. Stein, article cité, dans le *Dictionnaire des mythologies*, vol. II, Paris, Flammarion, 1981, *passim*, notamment p. 283.
錦織亮介『天部の仏像事典』東京美術選書35、一九七三年、一三二―一三五頁。
『密教美術大観』第四巻、朝日新聞社、一九八四年、三七―四〇頁。
『仏像図彙』Ⅲ、一一頁、三三頁ウ。

鬼形鬼子母神

文永元（一二六四）年のこと、鏡忍寺（千葉県加茂川）の寺伝は、日蓮上人が賊に襲われて苦境に陥った時、鬼子母神が法華経の中でこの経を信ずる者を救わんと誓った通り、恐ろしい姿で樹上に現れて敵をパニックに落し入れたと伝えている。「小松原の法難」といって歴史に残るこの事件が起った時、「鬼子母神が降臨した」樹を今でも現地で見せている。この出現を象った角のある鬼形の鬼子母神は、おそらく室町時代末頃に定着した形姿であろうか（図版28）。

7　麻耶夫人《まやぶにん》——忉利天に再生したシャカムニの母

仏陀釈尊の母。白象が体内に入った夢を見て懐胎し、ルンビーニの園で右脇からシャカムニを出産したと伝えられる。出産七日後に亡くなり、没後忉利天《とうりてん》に生まれ変ったとされている。釈尊入滅の際に急ぎ忉利天から下降したが間に合わず、釈尊はすでにお棺の中だった。しかし、悲しむ母を慰めるためお棺から金色の光に包まれて立ち現れて説教をしたと仏伝にあり、有名な『釈迦金棺出現図』は、その場面を描いたものである。

麻耶をまつる所は非常に稀だが、忉利天上寺（兵庫県）では、仏陀の母として、子供の守護を祈願されている（図版32）（『日本仏教曼荼羅』第四章「麻耶——仏陀の母」参照）。

8　大聖歓喜天《だいしょうかんぎてん》――象頭の神、障害神とも、さとりの導師ともなる

単身毘那夜迦《びなやか》

「ヴィナーヤカ（Vinâyaka）」はガネシャの別名である。ガネシャは象頭の小さな神でシヴァ神（大自在天）の息子である。インドでは非常にポピュラーな神で成功・知識を与え、ヒンドゥー教信仰の一部ではついに人間と神の関係の最高シンボルとされている。

ヴィナーヤカという名はvi-NÎ（「取り除く、遠ざける」しかしまた、「訓練する、教える」）という意味の動詞の上に成り立ち、障害を取り除く者、そして導く者、つまり導師という意味を持ち、この後者の意味で釈尊に対しても使われていた。正確に「障害」という意味を持つ「ヴィーナ（vighna）」という語から、おそらく言語干渉の作用で派生したいくつかの形容語の中でもまず「障害尊（Vighneśvara）」という語が、この神の別名として与えられ、これはすなわち「障害を引起す、または障害を取り払う神」、「成功の邪魔をする、または成功させる神」というように二重の意味に受け取られた。

他の多勢のシヴァ神の眷属のように――とくに大黒天との相似が明らかにされているが――、毘那《びな》夜迦《やか》も、この目的への妨害者であると共に導師であるという多義性によって、密教から敬意を払われることになった。しかしいずれにせよ、極めて煩瑣で制約の多い修法によってまつるべき条件付きの

神である。

インドでは、行事の始めにガネシャに敬意を表し、祈願する習慣があり、またそれはバラモン教の供犠の際に行われた規則であったが――所によりなお今でも残っている――、そこには主として肯定的な含みが現れている。ところが日本に伝わったある密教修法においては、祭儀の前に「遣攘《けんじょう》毘那夜迦《びなやか》（ビナヤカを追い払う）という儀式が課せられていて、言うまでもなくその含意は全く否定的で、つまり大邪魔者マーラ（魔神）やその眷属に近似した一種の邪鬼がそこに存在するかのようである。

次項で詳述するように、毘那夜迦《びなやか》は元のままの男性形では、シヴァ教から受け継いだ抑え難い強暴な妨害者の一面を表す、とはいえ、観音菩薩が大慈悲で示現した対になる女体のもたらす融和のおかげで、その善意の一面が現れて来るという信仰が打ち立てられた。

画像の単身毘那夜迦は九世紀に導入された「胎蔵曼荼羅」「金剛界曼荼羅」の中にもあるように、よく知られているが、彫像は非常に稀である。それはおそらく前述の忿怒形大黒天に関するごとく、慎重に扱わねばならないからであろう。聞くところでは、単身像は双身像よりさらに取り扱いが難しく、特別に通暁した師僧だけに限られているということである（図版33）。

参考文献

Alice Getty, *Ganeṣa, A Monograph on the Elephant-faced God*, Oxford, Clarendon Press, 1936.

M.-Th. De Mallmann, *Introduction à l'iconographie du tântrisme bouddhique*, Paris, Centre de recherches sur l'Asie centrale et la Haute-Asie, 1979, pp. 166-167.

Alfred Foucher, *L'art gréo-bouddhique du Gandhâra*, tome II, Paris, Leroux, 1918, p. 153.（摩訶迦羅〔大黒天〕の形と象頭神の形の関係について）

R. A. Stein, article « Gardien de la Porte », dans le *Dictionnaire des mythologies*, vol. II, Paris, Flammarion, 1981, pp. 280-294.（上記二者の関係をさらに広げ、「若き戦闘士タイプ」に対する形として、これら二者の神が具象している「ほてい腹の小人タイプ」の出現について）

Si-do-in-dzou, gestes de l'officiant dans les cérémonies mystiques des sectes Tendaï et Singon, d'après le commentaire de M. Horiou Toki,... traduit du japonais, sous sa direction, par S. Kawamoura, Paris, E. Leroux, 1899, p. 10, *s. v. chasseur Binayakya* (Annales du Musée Guimet, Bibliothèque d'études, VIII).

錦織亮介『天部の仏像事典』東京美術選書35、一九七三年、二〇四―二一一頁。

『仏像図彙』Ⅲ、二二頁ウ。

Hôbôgirin : Dictionnaire encyclopédique du bouddhisme d'après les sources chinoises et japonaises, I, Tokyo, Maison franco-japonaise, 1929, p. 76, *s. v. Binayaka*.

大聖歓喜天（略して聖天《しょうてん》）

「双身《そうしん》毘《び》那《な》夜《や》迦《か》」ともいう。この尊像の起源については諸説がある。この信仰の伝統が認めている説では、十一面観音がビナヤカの強暴な本性を和らげるために、同類の女体に顕現して和合したという。その和合がもたらす喜楽によって、ビナヤカの災禍的性向の大きなエネルギーを善意に転じさせたということから、この双身の形は「歓喜天」、より完全には「大聖歓喜天」、また略して「聖天」「天尊」とも言う（図版34・35）。

密教概念の観点では、このインド・チベットのイコノグラフィに広く伝わっている性的象徴を想起させる抱合形は、行者と大日如来の一体化のイメージに他ならず、自然本有の様態を共にするものである。この合体の到達する最終段階では、双身は四肢四脚の一体として見えるといわれる。

仏教パンテオンのほとんどの尊格と同じように、そして密教の系統においてはとくにそうであるように、歓喜天祭祀は二つのレベルの信仰実践に答えている。すなわち上は、高次元の、絶え間なきさとりへの修練に対応し、もう一方では世俗の次元に垂下するように定義づけられている。古代より大自在天（シヴァ・マエシュヴァラ）の息子とされていた神に固有の極めて強大な威力のゆえに、歓喜天祭祀は強制権を生じると信じられて、昔は宮廷を脅かす騒乱の鎮圧に頼みの綱とされ、その力は現在でも全く違った世界で、勝利獲得のために追求されている。それは寺院が歓喜天信仰に望む、まず「調和」を求めるという精神からしばしば程遠いことである。調和こそがこの一対の抱擁神の根本的効験であり、夫婦の、より広くには社会の親睦のために祈るにふさわしく、「和合神」という名で呼ばれているとお寺では強調している。歓喜天崇拝の性的含意は数多く、小さな双身象の姿と、道祖神には多くの相互影響があると思われる。

歓喜天をまつる儀軌《ぎき》は複雑である。金属製で七寸以下と定められた神像に油を灌ぎ、また油に浸す修法が行われる。行者には道徳的、身体的な清潔が要求される。この清潔さの必須性は、祭所に至る道に神道形式の鳥居が並んでいることによっても示されていよう。祭壇は通常、円壇になっており、祭儀の時以外は特別な厨子の中に秘められている。在家信者が自宅でまつることは厳しい条件の下でしか許されておらず、その禁を破り犯した者には良くないことがあると見なされている。

真言宗の創始者弘法大師が九世紀の始め、この歓喜天崇拝を日本に導入したのだが、後には天台宗もその発展に多く寄与し、とくに慈覚大師円仁の影響が大きい。日本で最も有名な歓喜天の霊場は、奈良に近い生駒の宝山寺で、聖天讃迎の本山である。

参考文献

前項参考文献のほかに下記文献参照。

『密教美術大観』第四巻、朝日新聞社、一九八四年、六二一―六三三頁。

R. A. Stein, article « Gardien de la Porte », dans le *Dictionnaire des mythologies*, vol. II, Paris, Flammaion, 1981, pp. 285.

9　摩利支天――暁光の化身

サンスクリット語「マリーチ（mârîci）」は、光と天体に関わる種々のイメージを内含する言葉である。この語は「光線」という意味を持ち、また「幻影」すなわち光学上の蜃気楼と、それに伴う比喩語「まぼろし」の意味を持っている（仏教はこの現世の非実体性を想起させるためにしばしばこの語を用いた）。マリーチはまたいくつかの神格の名にもなっていて、なかでも北斗七星に相当する天の「七聖」の内の一聖「マハールシ（Mahârṣi）」の名である。同系言語の ***mârîcin*** は「太陽」をさす語になっている。

マリーチという（光線または蜃気楼を保持する――あるいはそのような本性の――神？）の名の下に独立した女性神格は、密教の中から形成されて来たようで、いずれにせよ大乗仏教の尊格である。その像容には、幾つかの異なった形があり、時には恐るべき様相を呈している。

八世紀に、真言宗の名によって唐代の中国から日本に導入された密教の伝統によれば、摩利支天は――時には菩薩とされている――、日の出の前に天空に射し出る曙の光線の化身であると言われている。摩利支は太陽を見ることができる。しかし太陽には摩利支が見えない。この曙光の化身は捕えることのできない存在であり、そのような利点を彼の「真言」を保持する者に与えるといわれる。天台宗の教理体系を完成した高僧安然（七九五―八六八）は、これを男性の神と見なしていて、それにより二種の解釈が共存し、それぞれのイコノグラフィを持つことになった。

封建制の覇権闘争が繰り返された時代、摩利支天信仰は、とくに武士の間に流行し、摩利支天の名と姿を記した不死身の護符を身につけるのが習慣となった。楠木正成は、他に毘沙門天との関わりでも知られるが、魔利支天像を兜に付けていたとも言われる。中世近世における武士の多くは、禅宗と日蓮宗の宗徒だったので、そういうことからこの二宗では摩利支天が重要な位置を占めることになった（**図版38**）。

摩利支天の特徴の一つは、猪または豚との関連である。ほとんどの古い摩利支天像は三面で、その中の一面は猪頭である（**図版36**）。この他にも猪または豚がこの神の乗物にされていて、インドのイコノグラフィでは、マリーチは七頭の豚または猪に牽かれた車に乗った姿で現わされているが、これは七頭の馬に牽かれたヒンズー教の太陽神「スーリア（Sūrya）」をモデルとしたものである（図版37）。猪が太陽を象徴する動物とみるのはおそらく行き過ぎであろう。しかし連想されるのは、ヴィシュヌという太陽の本性そのものとして知られる神が猪の形になって、巨大蛇によって深海に引き込まれる大地をその牙で引き戻したという話である。日本人にとって猪はまず猪突猛進を想起するものであろう（図版39）。

参考文献

M.-Th. De Mallmann, *Introduction à l'iconographie du tântrisme bouddhique*, Paris, Centre de recherches sur l'Asie centrale et la Haute-Asie, 1979, pp. 259-265.

錦織亮介『天部の仏像事典』東京美術選書35、一九八三年、一三九—一四四頁。

武藤晟造『私の仏像ノート』明治書院、一九八八年、一四九頁。

『密教美術大観』第四巻、朝日新聞社、一九八四年、六八頁に、中国元朝（十四世紀）絵画の摩利支天を見ることができるが、図像のタイプは異なったものであり、女性で、何にも乗っていず、一面で、手には団扇を握っている。このタイプの摩利支天は日本でも見られ、『仏像図彙』Ⅲ（21オ上）に載っているのはこのタイプのもので、この項で紹介した図像は載っていない。

10　妙見菩薩——北極星、北斗七星の神、明晰な視力の持ち主

古代中国における政治宇宙観の根本思想によれば、「北辰（北で時を表示する星）」と呼ばれる北極星は、

天の中央に位置して不動なる天上の皇帝と見なされて、この下界の皇帝は、その「天」の子であり、レプリカであると考えられた。北斗七星は北極星の回りを宇宙の時計針のように廻り、天体と季節の運行を規定し、またすべての存在の運命を調整している。この七星は北極星にとって、地上の天子の政府に相当するものである。

このような思想が唐時代に仏教的表現へ転置されていき、それまで仏教パンテオンの中に入っていなかった「妙見」という名の尊格が現れて来た。妙見は「秀でた視力（Sudṛṣṭi）」というインドの言葉の翻訳だとされている。または「美しく妙に見える（Sundarśana）」と解釈できる語から来ているとも言われる。原則としては、天部に属する神だが、他の光に関する尊像である摩利支天や明星天子などに見られたように（この天たちは曇った精神を照らしてさとりに解放する神として、時には菩薩の資質を認められている）、この天上の大視察官として現れて来たこの星神に、やがて菩薩の称号が与えられることになった。したがって「北辰妙見菩薩」と言う。妙見菩薩は、一切の天災を避ける力を持ち、国の安泰を保証し、また個人の運命の調和ある発展を見守ってくれると説かれた。もちろんこの星神の毅然とした超越的視力にさえ良しと叶う、各人の振るまいの証しによるのだが。

古代中国の「天」の信仰、それに劣らず古い、易経から相続し、道教によって精錬された占いと護符的文化が、ここにそれぞれ寄与して多形な複合祭祀をもたらしていたところへ、さらにその上にインドから来た密教がインド固有の伝統を付与したのである（図版40・41）。

日本では北辰（北極星）信仰は奈良時代から、この信仰の体系的な導入以前にすでに知られていたが、しかし大きく発展したのは平安時代を通じてであり、とくに天台宗の推進力によるところであった。天台宗では、通常、この菩薩－神を「尊星王《そんしょうおう》」と呼んでいた（図版46）。次いで鎌倉時代には、中国に生まれ日本で作り上げられた占法と禁忌を扱う陰陽道の師たちにとくに関心を持たれた。北辰信仰は、またとくに伊勢に関係する神道学者の間で、今度は神道用語の全く新しい解釈運動の対象となり、つまり「妙見」は、日本の宇宙観の中心的神々の一神である「天之御中主命《あめのみなかぬしのみこと》」と同一であると提唱されたのである。

日本の仏教パンテオンの諸尊の中でも、妙見ほど混交的な性格を持つ崇拝尊は他にはないと言い得よう。妙見はその尊格の中に、中国・インド・日本という三つの宗教的世界から生じた宇宙観念、政治的、道徳的、占筮術《せんぜいじゅつ》的、占星術的、気象学的、さらには水理学的、などの諸概念のエッセンスを凝集したかのようである。この三世界は、その他にも、その妙見の祭所に用いる呼び名にそれぞれ標印を残し、あるいは中国風に妙見宮、あるいは仏教風に妙見堂、そして最後には神道風に妙見社と呼んでいる。

密教系のイコノグラフィにおける妙見像にはいくつかの変形があり、天女形のもの、菩薩形のもの、忿怒形のものなどがある。しかし最も広範に主流となったのは（次項で述べる像を除き）、陰陽道が流布した形である。それは甲冑を服した童子の面影を持ち、未成年の髪形で、北斗七星を象徴する丸をあしらった光背を付けている。坐像、立像があり、中国古代の北のシンボルである「玄武」を台座としている。玄武というのは、亀と蛇が絡み合った形を呈しているが、実は一対になった二匹の亀である。

この伝説的長寿を持つ動物（その貴重な甲殻は、下部が大地のごとく四角形で、上部は天穹の天蓋のごとく円形で完璧なる世界の如く安定した形をしている。それに加えて、この甲羅を火に炙って生じたひびは占筮にも使われた）、この亀は、地下水と結ばれ、したがって地下水のシンボル色である黒とも結ばれる。そうして五色の原理をここに合わせれば、これは北方の色である。ということで、亀は妙見像に全くふさわしい台座であろう（**図版42〜45**）。

妙見当体は、長い武具棒、または鞘入りの太刀に両手をもたせ掛けているか、右手に剣を持ち、左手の人差指を立てて刀印（または剣印）という印を結んでいる。これは天上の裁き手という権力の標しと考えられよう。この童形甲冑姿の妙見は、千葉地方とその北に続く相馬地方に多く流布していることを指摘しておく。武家の千葉一族は、馬の養育に適した広大な地を所有していて（馬はここでは神話的に龍に代わって天上に関する動物である）、そして先祖は、妙見の種子から出ていると誇っていたので、それらのことがこの地方に北辰菩薩の信仰を発展させた動機であったように見える（**図版43**）。

参考文献

Annuaire du Collège de France, 1981-1982, pp. 604-609 ; (rééd.) Bernard Frank, *Dieux et Bouddhas au Japon*, Paris, Editions Odile Jacob, 2000, pp. 103-109.

野尻抱影『星と東方美術』恒星社厚生閣、一九八一年。

「星宿美術」、『古美術』特集号（三五）、一九七一年。

錦織亮介『天部の仏像事典』東京美術選書35、一九七三年、二三〇―二三五頁。

『密教美術大観』第四巻、朝日新聞社、一九八四年、六八―六九頁。

『仏像図彙』Ⅱ、一八頁ゥ。
Marcel Granet, *La Pensée chinoise*, Paris, La Renaissance du Livre, 1934.（「天上の皇帝」「北辰」「亀の象徴」「五色の原理」について）
Josef A. Kyburz, *Cultes et croyances au Japon — Kaida, Une commune dans les montagnes du Japon central*, Paris, Maisonneuve et Larose, 1987, pp. 226-228.（妙見信仰と馬について）

能勢妙見

妙見菩薩は、法華経と本源的な繋がりがあったわけではない。しかし非常に早い時期に、ことによるとすでに中国において、この星神の名の第一字に「妙」という字が取り入れられた出発点で、「妙」字がこの経典の最も有名な漢訳の題名である「妙法蓮華経」が、この字で始まっていることを考慮に入れたということも推測され得る。

とはいえ、江戸時代の初めまで、かく打ち立てられた親近性が、妙見菩薩祭祀を実際の「法華化」に導いた様子はなく、すでに述べたように、妙見祭祀は密教の三つの枠内で、すなわち陰陽道と、神道の垂迹説と、この両者が融合した中で伝えられて来た。

妙見祭祀の法華化は、日蓮宗の中でなされたのであった。このことは日蓮宗が、天台宗の教えに当初の純粋性を取り戻そうという願いから、密教との断絶を最も望んだ宗であることを思えば、逆説的に見えるかもしれない。しかしながら祖師日蓮上人は、天台の教えを密教的な思想そのものの影響から放とうとはしたが、その代わりに密教の表現手段からは、適切と判断した多くの要素を取り入れていることを想起すべきである。こうして日蓮宗の法華経大曼陀羅の中には不動・愛染の二明王が並んでいるが、同様の観点が日蓮上人の後継者たちによって、妙見菩薩についても取られたのであろう。少なくとも、ある程度は歴史的好機があったとしても、この宗教的移植は結果として成功したと言うべきである。

能勢山は、大阪北部の比較的隔離された山中にあり、清和源氏の分流多田氏の領地であった。先祖の満中（九一二—九九七）は、伝説に残る武勇の士であったが、妙見菩薩を信仰していて、至る所、妙見像と行を共にしていたと言われる。満中の孫頼国が、長元年間（一〇二八—一〇三七）にその妙見像を能勢に請来して、当地に最初の妙見堂を創建したようである。十七世紀初め、この地方でその後裔に当たる能勢頼次が日蓮宗の法華信仰に改宗して、身延山の本山からある時期その長であった日乾《にっけん》上人を寺に請じ、この寺を任せた。日乾は、この新開基の寺に真如寺という名を与えた。上人は身延に日蓮上人の舎利を乞い、それを得たことにより能勢は「関西身延」として尊崇された。

それ以来、真如寺は法華信者の熱心な参詣所となり、そして〔ここにあった〕妙見は難なく日蓮宗のパンテオンの諸尊の中に組み入れられたのである。今日でもなお、日本中の日蓮宗で、境内に妙見堂が建てられている寺が多い。そうして指摘すべきは、多くの場合、そこで見られる妙見像は能勢のタイプであり、もう一つの前項で述べたような甲冑童子形——多くのヴァリエーションをつけているが——に忠実な像は少数派である。

この能勢妙見のタイプというのは、当地で伝えるところによれば、日乾上人が、頼次の肖像的神像として発案した結果だということである。それは厳しい表情の写実的な人物像で、甲冑を着け、足を組んで坐し、左手をあげて二本の指で「検印」を結んでいる。右手は刀を持って頭上に受太刀——攻撃形ではない——にかざしているが、これは忍耐の中にこもった力を表し、また隙のない警戒によって守護する形と当地では説明されている。これが真如寺本尊の姿で多くの像がそれを模して作られた(図版47)。

柳島妙見

柳島妙見と言って親しく知られていた法性寺《ほっしょうじ》(現東京都墨田区)は、江戸後半の二世紀、北辰妙見菩薩の著名な祭所の一つであった。伝承では——明星が日蓮に確信を授けたという有名な話を敷き写して——妙見がこの地の大樹に降臨したとされている。

しかし、この寺が最も誇りにするのは、北斎(一七六〇—一八四九)にまつわる逸話であり、日蓮宗の信者であったことはよく知られているが、その彼がとくに柳島に参詣していたという話である。若年のある時期——おそらく狩野融川の工房を追われた一七九四年の頃であったろうか——北斎は自信を失い、妙見に救いを求めて三十七度(日)参りの願《がん》をかけた。その願掛けの終った時、突然、激しい夕立が起り、その後で北斎は猛然と絵を描き始め、かくして新しい決定的な創造の時期に入ったと言われている。この話は、北斎のすべての詳しい伝記には取り上げられているが、鈴木重三氏は、これは一八九三年に出版された飯島虚心『葛飾北斎伝』に初めて現れた話であることを筆者に指摘された。

したがってこの逸話を全面的に信用するのは適当ではないかも知れない。しかしながら、北斎が妙見を篤く信仰していたのは疑いのないことで、彼が用いた多くの別名のいくつかは北辰（北極星）または北斗の一字を取っていることでも示されている。北斎、辰生、雷辰――これは明らかに伝説に一致する――、戴斗などのように。

柳島の寺は戦災で焼失し、この寺の妙見像も消滅した。住職は信者の許にあった像によってお札を作ったということである（『日本仏教曼荼羅』二〇〇―二〇五頁参照）。

イコノグラフィの見地からは、この妙見は、上述の童子形のタイプに属するが、より成熟した貫禄のある姿で、甲冑を着けた上にゆるやかな衣を羽織っている。左手は「検印」を結び、右手に剣を持ち、星をあしらった光背、台座には亀と蛇が見える。左右に立っている脇侍は、一瞥、よくあるような四天王を略した形式の、持国天（東）増長天（南）の二天王と思われるかも知れない。しかしこれは妙見特有の二脇持で、妙見と中国の『易経』との関係に依拠した「奉卦童子《ほうけどうじ》」「示卦童郎《しけどうろう》」という名を持っている。前者は両手で宝棒を持つか、易筮《えきぜい》の箱と思われるものを持ち、後者は最高の易の保持者ということを示す旗を持っている（図版48）。

11　日天《にってん》・月天《がってん》・三光天子《さんこうてんじ》

日天・月天は古いインドの太陽と月の神である。仏教の宇宙観では風に支えられて、世界の中枢にある須弥山《しゅみせん》の中腹を回っているとされていた。大乗仏教では、この日天・月天を日光・月光という一組の菩薩としたが、本来の天（deva）の身分で十二天・九曜星などというグループにも属し続けた（図版49）。

明《あけ》の明星《みょうじょう》は、シャカムニがこの星が東方の空に現れた時、最高の真理に到達したといわれ、そのためにさとりのシンボルとされる星である。

密教では、この星をヴェーダ時代の曙の女神Aruṇâ後のバラモン時代の太陽の馭者《ぎょしゃ》と同一視し、したがって闇を照らし、太陽に先行するものとして衆生の精神の曇《くもり》を払うと感じられた。かくして、時には単なる天《てん》ではなく菩薩とみなされた。六世紀に、聴衆として数えられている名月天子《みょうげつてんじ》・普香天子《ふこうてんじ》・宝光天子《ほうこうてんじ》は月天子・明星天子・日天子、つまり「三光天子」であるとしてから、天台宗では、この三天子を三尊形式にする習慣が成立した。

天台宗の正統後継者を自認していた日蓮聖人はその伝統を取り上げ、三光天子に特別な信仰をよせていた。「竜口《たつのくち》の法難」に月天の如き光り物が飛来し、ゆえに武士たちが恐れて退散し、聖人は処刑をまぬがれたということ、また、その数日後に聖人の前に明星天子が降臨したということがその遺文の中に語られている。この「星下り」の話は日蓮宗では有名で、現在でもその霊地の跡に創建されたという厚木の妙純寺《みょうじゅんじ》では、梅樹に三星が降臨する図のお札が頒布されている（高僧部、図版23）。同話は近くの妙伝寺《みょうでんじ》にも伝わり、そこではとくに月天をまつっている。

12　青面《しょうめん》金剛——庚申待ちの祭神

いわゆる「庚申待《こうしんまち》」の本尊で、俗に「庚申さま」とも呼ばれる。「庚申」信仰と実践の起源は、道教の「三尸《さんし》」の思想に基づいている。三尸とは、人間の身中に閉じ込められた三匹の悪い虫で、自由になろうとして人体を害し、また、人の睡眠中に天帝の許に登り、人の悪行を報告すると言われる。その報告の日が、六十日毎に巡回する庚申（かのえ・さる）の日ということである。そのためにこの日は、人々は潔斎し、身を慎み、ことに睡眠は危険であると信じられた。したがって徹夜で過すこの夜は「庚申待《こうしんまち》」と言って、昔から種々の行事を行う習慣ができ、精進料理で宴を催したり、物語りに夜を明かしたり、管弦の集い、歌合せなどが行われた。もちろん供物を供え、しかるべき社・寺に参詣などもした。

この習慣は平安時代に始まったが、ことに後世ますます流布した。上記のように、起源は道教に依拠するが、次第に他の信仰要素も混合し、とくに、中国の天帝と同一視された仏教の帝釈天（第四章—1参照）がこの夜、衆生の行為の審判をするとされた。そうして江戸時代になると、庚申の儀式は、この帝釈天の示現とされる「青面金剛」を本尊として行われるようになった。

この尊の姿は、おそらく執金剛神《しゅうこんごうしん》に密教尊の様相を与えたものと思われる。その名のごとく身は紺青で、三眼六臂、髪は逆立ち、蛇や髑髏を飾り、武器を持ち、恐ろしい顔で、三尸を鎮めるのにふさわしい容姿である。四天王のように邪鬼を足下に踏み押えているが、これは三尸を表すと共に信者が注意すべき悪への傾向を表している。

室町時代よりこの庚申（かのえ・さる）に因んで日本古来の猿信仰が結び合わされ、しばしば青面金剛には猿のモチーフが加わっている（**図版50～52**）。

参考文献

窪徳忠『庚申信仰』山川出版社、一九五六年。

平野実『庚申信仰』角川書店、一九六九年。

『日本石仏事典』雄山閣出版、一九八〇年、一八九—二〇六頁。

『仏像図彙』Ⅲ、8ウ、Ⅳ、10。

Dictionnaire historique du Japon, vol. XIII, Tokyo, Librairie Kinokuniya, 1987, p. 85, *s. v.* *Kôshin shinko* (Publications de la Maison franco-japonaise).

13 閻魔王――冥界の法官王

ヴェーダ時代の信仰の中に、インド－イランから受継がれたところの、精霊「輝き（Vivasvant）」の息子「ヤマ（Yama）」の姿が反映している。ヤマは最初の人間であった。その人種を絶やさないために、彼は妹のヤミとまぐわった。彼らの名前は「双児」（男性と女性の）という意味である。

初めて生命を持って現れた者として、ヤマはまた、初めて死んだ者でもあった。ヤマ（えんま）こそが、当時は天空の最も高い所で、光の中にあるとされていた死の世界に至る道を見出した者でもあった。彼は神々と同じように扱われたが、完全に神の一人とは考えられず、王（râja）という位階で呼ばれた。すなわち死者を統治する王である。

後に、バラモン教時代にその形はより暗い方向に変じていった。いよいよ死そのものと同一視され始めたのである。彼は法の王（Dharmarâja）、つまり死者たちの法官となった。彼の住居は、南方の地の果てで、暗闇の中である。そして水牛という「地下界」の意味合いを持つ動物に結び合わせて見られた。またその名は「拘束する」という意味の動詞YAMから来ていると解釈された。

ある説ではこの進展は、メソポタミアにおける地獄の概念の影響によるのではないかとしている。それは一方でギリシャ神話の世界に渡ってハデス（冥界の支配者）の王国という信仰形態をとったように、インドに渡ったのだろう、と。

仏教は当初、この閻魔《ヤマ》という尊格にほとんど注意を払わなかったようである。それはマーラ、「死をもたらす者」という誘惑魔の伝承の影になって薄れていたのであろうか。とはいえ、最も古い仏典記述の中に、死後の裁きの暗示が全くなかったわけではない。それによれば、死者の運命を決済するには「業の法則」で充分済む、つまり衆生は、自ら為した行為の「風」に吹き押されて、行くべき所に着くのだから、と考えられていたのである。しかしながら時にはそこにヤマが、この法則を「言い渡す」ためにいた。また地獄に導かれて行く最も重い悪業を背負った者たちを苛む獄司たちのパトロンとしても、ヤマの名が挙っている。しかしその後、ことに東アジアの仏教圏において、より個別的な判決の権力を持つ裁判王としてのイメージが確立されていくのである。

この進展の重要な一要素と考えられるのは、中国において、インドの地獄王に関する信仰と、死者の行く所は太山の下とした中国の古代信仰との間に起きた一種の相互浸透の現象である。太山は東方を支配する高山であり、その資格において、生まれ出る生命と、生きる命そのものと、またその中断をも司る、したがってエドゥアール・シャヴァンヌ（Edouard Chavannes）が、ローマ神話の三女神パルクの役目に比した山である。この山には「太山《たいさん》府君《ふくん》」または「府君」（太山政府の君主）という神がいて、それに仏教徒が絶えずヤマ王を関連させ、おそらくその様相にいくつかの影響を与えることになったのであろう。

この強力な中国的感覚と概念が刻された新しい環境の中で、ヤマ＝閻魔王は寛衣を着し、公式の冠を頂いて高座に座し、多くの書記や眷属に囲まれた中国の裁判官の姿になっていく。眉をそばだて、怒りに瞠目した糾問者の表情を呈する（図版55）。

唐代の末、源泉はまだ判明できないが、没後七日目毎に七度、四十九日まで、次いで百日目、一年目、最後は三年目に、死者が異なった裁判者の前に召喚されるという思想が流布したが、その裁判官の中に閻魔自身と太山府君も含まれている。それがいわゆる「十王」である。

密教ではまた全く違った伝統が受け継がれており、ある点では、ほとんど神性に近かった源泉のヤマの姿が生き続けているようである。その閻魔は、美しい貫禄を備え、額に三日月を頂き、その名もまさに「閻魔天」と呼ばれる尊格である。この閻魔天は、日本では胎蔵曼荼羅の中の表現で知られているもので、また儀式用の屏風に描かれているが、真言宗および天台宗の寺外にはほとんど出ることがない。

それに反し、全く中国風裁判官の盛装で罪を裁く王として考えられた閻魔王の方は、日本でも極めて大衆的なものとなっていく。浄土の世界の反面モデルとされる地獄の中で苦を慰める地蔵菩薩の尊格と、この閻魔王との組合せは——すでに中国人がよく行っていたが——、天台宗と浄土宗の阿弥陀信仰の社会において、閻魔の普及に大きく寄与することになった。この浄土宗と、そして禅宗が鎌倉時代に「十王」信仰の普及に重要な役割を演じている。ここに見られるようなタイプの、日本で最も古い閻魔像が造られたのはこの時代である（奈良白毫寺《びゃくごうじ》、鎌倉円応寺の例を挙げる）（図版53）。

閻魔王崇拝は江戸時代に盛んに流行した。今でも東京には、小石川や深川に有名なえんま堂が残っている（図版54）。言うまでもなく、人々はここに、あの世での裁判官の寛大さを乞いに来るのだが、時には命にかかわる重病の場合にも祈願に来る。同様に、闇の世界の主神だということで、――地蔵菩薩と同じく――目の不自由な人を救うとも言われている。

参考文献

Louis Renou, *L'Inde classique, Manuel des études indiennes*, I, § 527, 643, 675.

Hymnes spéculatifs du Veda, Paris, Gallimard, 1956, pp. 55,59-60（Connaissance de l'Orient）.

Joseph Masson, *La religion populaire dans le canon bouddhique pâli, Bibliothèque du Muséon*, XV, Louvain, 1942, pp. 84 *s*（« Bibliothèque du Muséon », XV）.

岩本裕『極楽と地獄』三一書房、一九六五年、一六三頁。

錦織亮介『天部の仏像事典』東京美術選書35、一九八三年、一五九頁以下。

Henri Maspero, « Les dix enfers et leurs rois », *Mythologie asiatique illustrée*, Paris, Librairie de France, 1927, p. 339-346.

Annuaire du Collège de France, 1980-1981, pp. 579-581；（rééd.）Bernard Frank, *Dieux et Bouddhas au Japon*, Paris, Editions Odile Jacob, 2000, pp. 82-84.

Michel Soymié, « Notes d'iconographie chinoise — Les acolytes de Ti-tsang », I, *Arts Asiatiques*, XIV, 1966, pp. 47-78, et II, *ibid.*, XVI, 1967, pp. 141-170.

『密教美術大観』第四巻、朝日新聞社、一九八四年、諸所、とくに五七―六〇頁。

『仏像図彙』III、20ウ、24オウ。

14　仁王（二王）――寺門の大守衛

仁王の名は、日本ですでに十二世紀末頃、寺院の外門内側に安置する像として書き残されている。一説によれば、祭壇の四方角を守る四天王に対して二王であるからとも、また別説では梵天・帝釈天という一組に依拠するとも考えられた。

正式の名称は「金剛力士」という長い歴史を持つ名で、多くの研究がなされているが、章末に重要な参考文献を挙げるに留めておく。

主要なことは、この強力な門衛は、初めは「雷光《ヴァジュラ》を手に持つ者」すなわち金剛手《こんごうしゅ》（執金剛神《しゅうこんごうしん》と同意）の分身であったことで、帝釈天の代理として仏陀を守る忠実な随尊であったが、前身は恐るべき夜叉の一種であった。仏陀に帰依して仏法の守護神となった元夜叉たちについては、これまでに何度か触れた通りである。寺門の両側に守門の神として二体の夜叉の像を置く習慣は、古くインドにもあったようである。彼が振り上げている武器は、初めは棍棒のようなものであったが、次第に金剛杵（Vajra）に変形していった。金剛手は、後に密教において重要な菩薩と認められる「金剛薩埵《こんごうさった》」の前身で、この尊は、雷光であると同時にダイアモンドであるヴァジュラ（Vajra）そのもの、つまり金剛という絶対の象徴である。

仁王は筋肉隆々とした上半身を見せた半裸形で、髪はほとんど常に頭上に束ね、顔は人間ではなく典型的な異形、つまり夜叉のそれである。一方は口を開き、他方は口を閉じ、双方の身振りは相対になっている。開いた口はすべての音素の第一音ア音を表し、閉じた口はその終音になるウン音を表していて、両方ですべての事象の始めと終りを、したがって真理の本質を表現していると言われる。

仁王は広く民衆に信仰されてきた。祈りを捧げて紙粘土の玉を投げる習慣があり、寺ではその玉と鳥害から像を守るために、通常、金網が張られている。仁王は子供を守り、また泥棒の逃亡を防ぐということから、大草鞋が供えられていることもある（図版56～58）。

参考文献

Alfred Foucher, *L'art gréo-bouddhique du Gandhâra*, tome II, Paris, Leroux, 1918, p. 48 *s*.

Etienne Lamotte, « Vajrapâni en Inde », dans *Mélanges de sinologie offerts à Monsieur Paul Demiéville*, I., Paris, PUF, 1966, pp. 113-159 (*Bibliothèque de l'Institut des Hautes Etudes chinoises*, XX).

R. A. Stein, article « Gardien de la Porte », dans le *Dictionnaire des mythologies*, vol. II, Paris, Flammarion, 1981, pp. 280-294.

倉田文作「二王像」、『日本の美術』一五一号、至文堂、一九七八年。

錦織亮介『天部の仏像事典』東京美術選書35、一九八三年、五四頁以下。

『仏像図彙』Ⅳ、三頁ゥ（二十八部衆の項目では、「密迹金剛」、梵天やヴィシュヌにも類似するほどの大きな力を持つ天神「那羅延金剛」という名で登場する。これら二天は胎蔵界曼荼羅にも登場する。）

V.-F. Weber, *Ko-ji Hô-ten*, II, Paris, V.-F. Weber, 1923, p. 110.

15　七福神

七福神（図版59）

第五章　権現部

——本地が仏陀や菩薩で、日本の神として示現したとされる諸尊

図版１　三宝荒神（信貴山朝護孫子寺・奈良県）

図版２　三宝荒神（品川海雲寺・東京都）

図版４　清《きよし》荒神（如来荒神）
（聖林寺・奈良県）

図版３　三宝荒神（妙星輪寺・滋賀県）

図版５　蔵王《ざおう》権現（金峰山寺《きんぶせんじ》・奈良県）

図版６　蔵王権現（吉野山東南院・奈良県）

図版７　蔵王権現（三仏寺《さんぶつじ》・鳥取県）

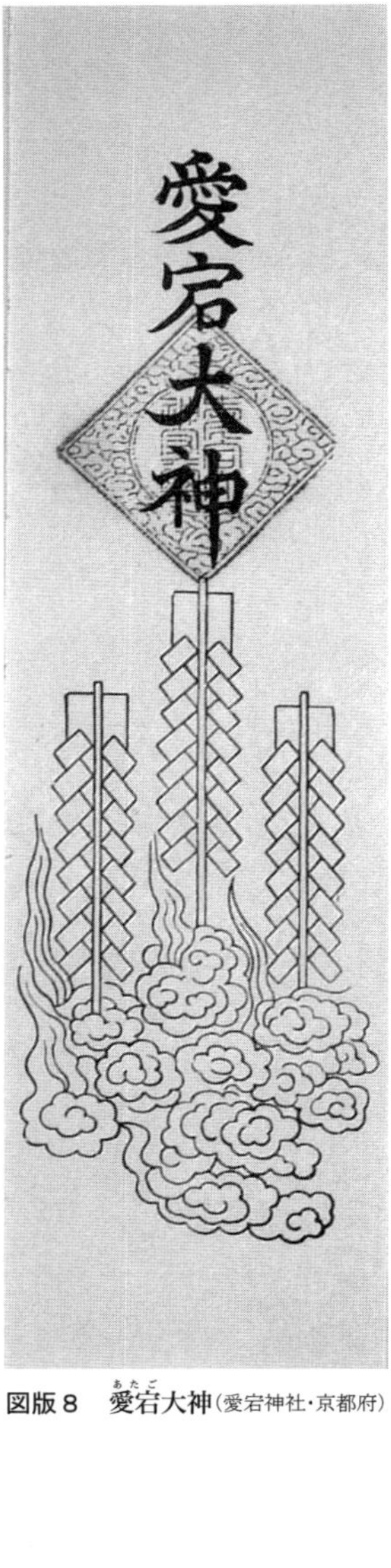

図版８　愛宕《あたご》大神（愛宕神社・京都府）

図版９　愛宕権現（勝軍地蔵）
（医王寺・千葉県）

図版 10　愛宕権現（勝軍地蔵）
（松坂竜泉寺・三重県）

図版 11　金毘羅山
（金刀比羅宮・香川県）

図版 12　金毘羅大権現（箸蔵寺《はしくらでら》・徳島県）

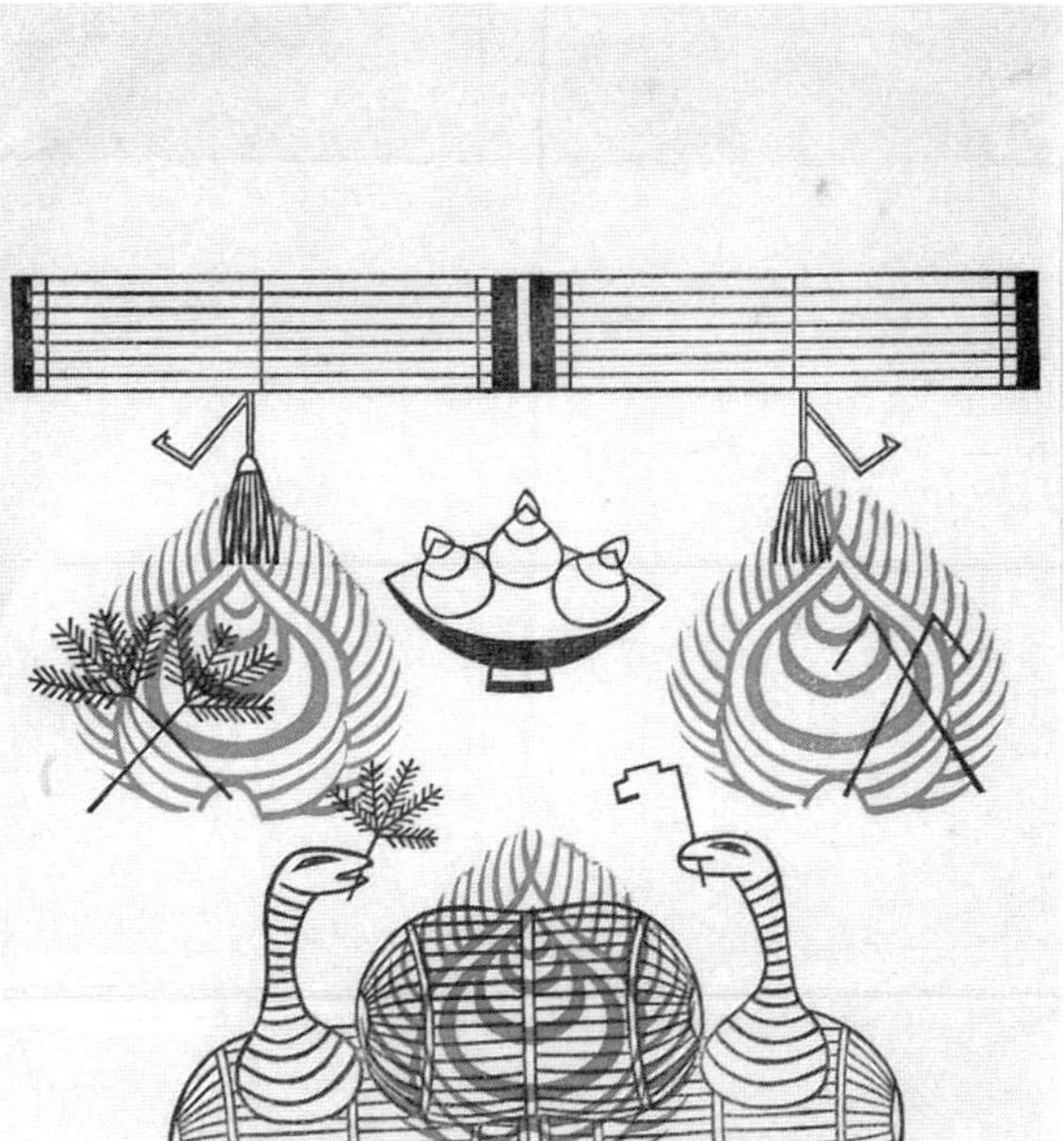

図版 13　宇迦之御魂《うかのみたま》神（伏見稲荷）
（伏見稲荷大社・京都府）

図版 14　男稲荷（成田山新勝寺・千葉県）

図版 15　荼吉尼天《だきにてん》（女稲荷）
（真如堂・京都府）

図版 16　豊川稲荷
（妙厳寺・愛知県）

図版 17　祐徳稲荷
（祐徳稲荷神社・佐賀県）

図版 18　飯綱《いづな》大権現（高尾山薬王院・東京都）

図版 19　秋葉大権現《あきばだいごんげん》（可睡斎《かすいさい》・静岡県）

図版 20　烏天狗《からすてんぐ》（鑁阿寺《ばんなじ》・栃木県）

図版 21　大天狗（建長寺半僧坊・神奈川県）

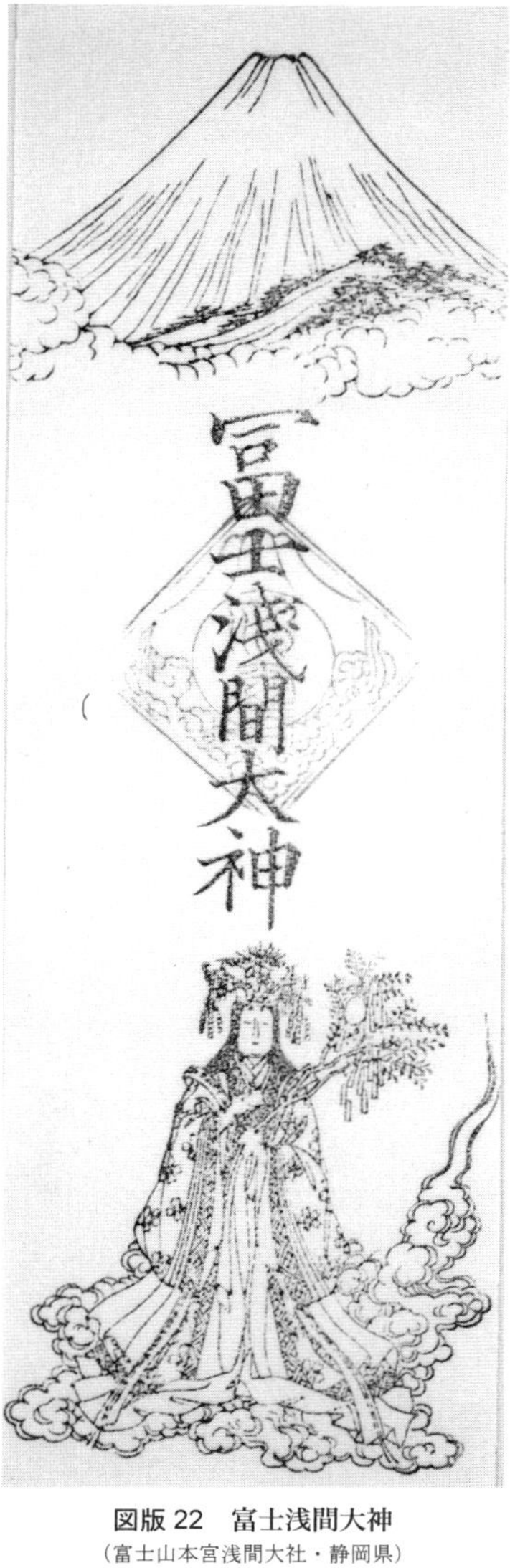

図版 22　富士浅間大神
（富士山本宮浅間大社・静岡県）

図版 24　狩場大明神（犬飼山転法輪寺・奈良県）

図版 23　宇気母智神《うけもちのかみ》（御嶽神社・東京都）

図版 25　**湯島天神**（湯島天神社・東京都）

図版 26　**七面大明神**
（久遠寺・山梨県）

図版 27　**牛頭天王**（最勝院〔大円寺〕・青森県）

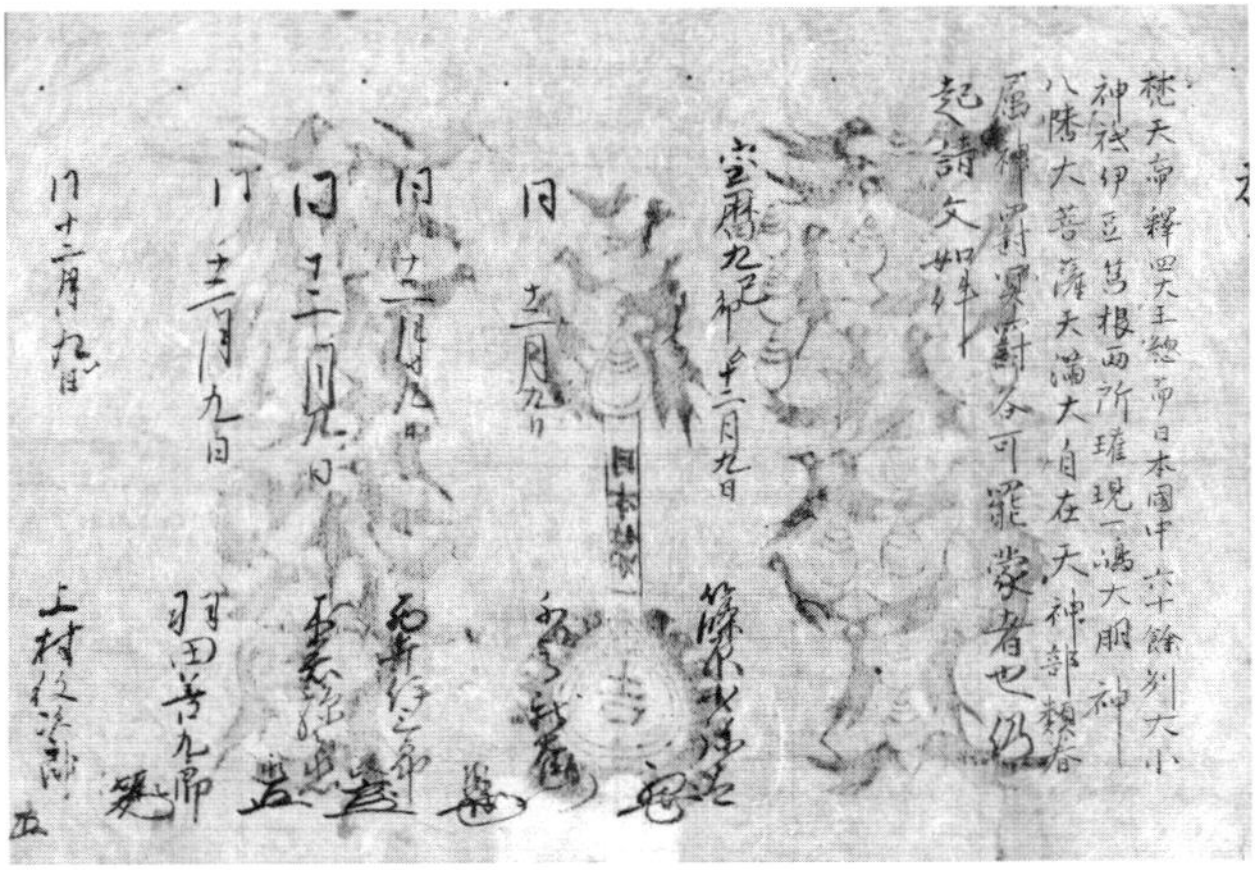

図版 28　那智滝宝印（牛玉宝印、裏に起請文）
（那智山・和歌山県）

図版 29　牛玉宝印（天川龍泉寺・奈良県）

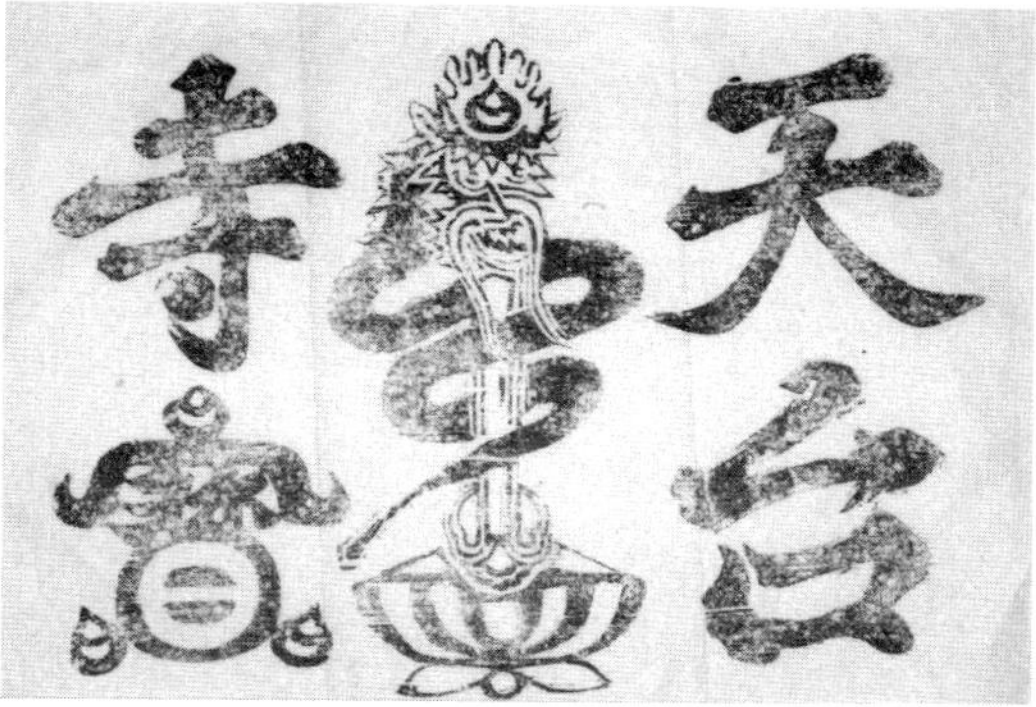

図版 30　牛玉宝印（倶利迦羅王）
（天台寺・岩手県）

図版 31　芋掘藤五郎（伏見寺・石川県）

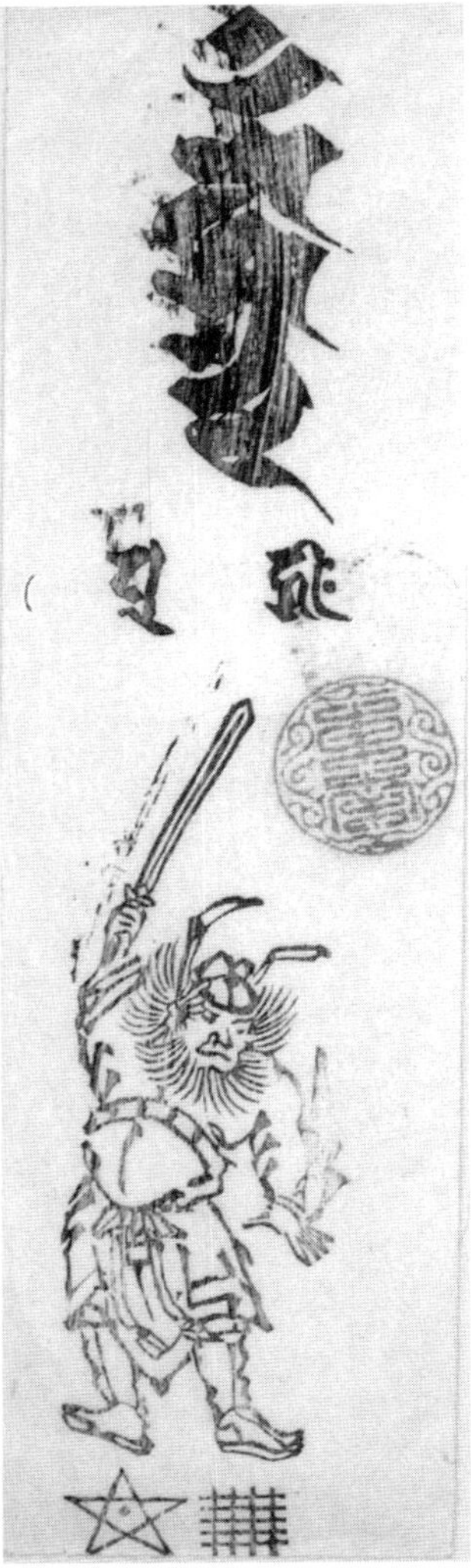

図版 32　鍾馗《しょうき》（東南院・奈良県）

図版 33　馬鳴菩薩《めみょうぼさつ》（高野山不動院・和歌山県）

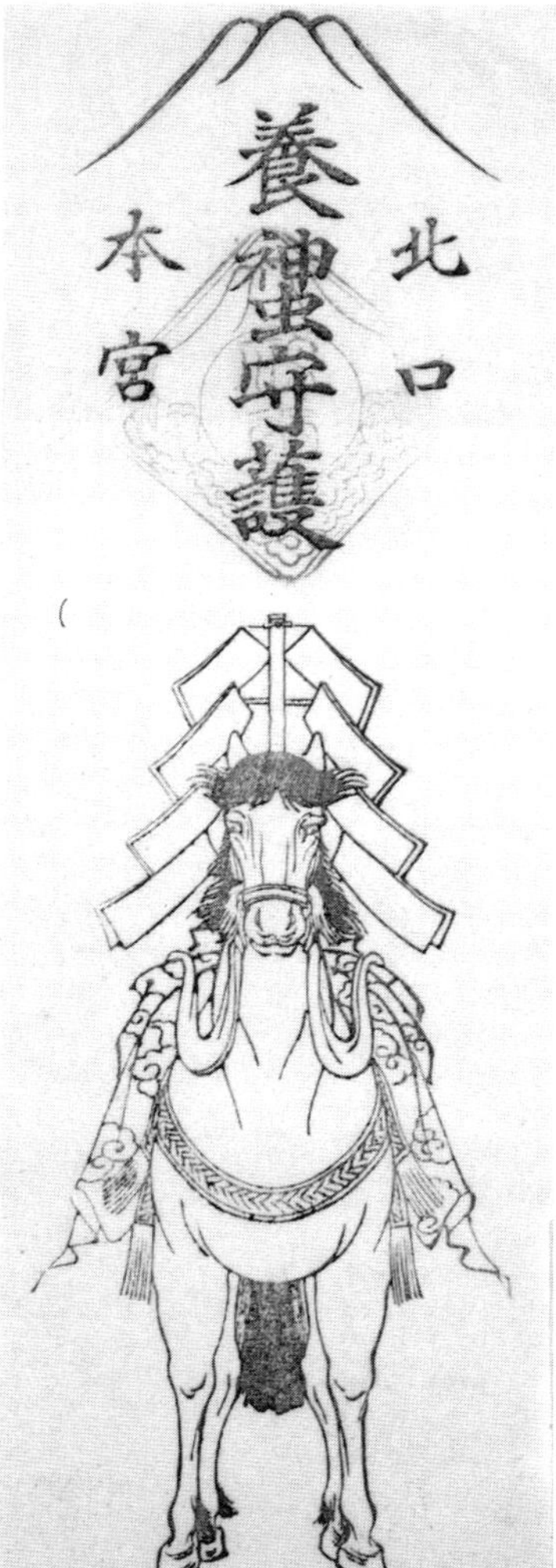

図版 34　養蚕守護
（北口本宮富士浅間大社・山梨県）

仏教はこのように決して神々の存在を否定しようとはしなかった。神の運命の条件を説き示すだけに満足していた。つまり神の運命は非常に上級だとは認めても、他の衆生と同じく「業の法則」に支配された無常の存在であると決めていたのである。神々の中でもまず仏教に登場して来る神々は、インド全体が共有していた神、すなわちヴェーダ聖典またはバラモン教から相続した神々で、それはさらに前アーリア時代の古い背景を持ち、夜叉たちのように多少とも霊鬼的な神であった。大乗仏教と共に、ことに密教思潮と共に、それまでの仏教信仰では副次的な位置しか占めていなかったらしい、または全く未知であった多くの神々の祭祀が取り入れられた。

仏教が外に伝播し始め、インドの国境を越えた時、同様の態度がとられた。つまり至る所で必要と見なせばその土地の神々に敬意を払い、その中には執拗に原姿を固持する神がいてもそのままで受け入れて、仏教パンテオンを豊かにしていった。この事実は、西部・中央アジアで、また中国や朝鮮半島で認められることである。同じ現象は日本でも起こることになる。衆知のことだが、仏教が百済王国の使節によって正式に日本の朝廷に紹介されたのは、西紀五三八年という年のようである。当時、日本に定着し、モデル中国に影響された文化の発展に強力に寄与していた多くの移民に好意的な蘇我氏が新宗教を支持した。それに対し、日本列島の純粋な伝統に固執していた他の氏族は、このような

「外国神」の受け入れは、太古よりこの地で崇拝されていたカミガミに対する侮辱であると騒ぎ立てた。この争いは五八七年の決戦で、蘇我氏縁戚の聖徳太子の勝利により決着した。

やがて仏陀祭祀とカミ祭祀の間に「調停」が成立していった。当初、仏教は主としてカミをこの地の地主精霊と考え、その所有地に定着し、平穏に仏教信仰の実践を希うからには、カミガミに敬意を払うべきだと考えた。そこでカミを祝し、敬意を捧げ、謝意を表し、楽しませ、さとりの道を自ら見出す助けにと、神に経典の講読を行った。そのために神社に寺を配置する（神宮寺）習慣ができた。八世紀中期、聖武天皇は、国の安泰のために中国の例に倣い、各地方に官寺を建立させ、奈良の都には青銅鍍金の大仏と共に東大寺の創立を決意する。この機に当たり、伊勢の天照大神と九州の宇佐の神《かみ》の賛同が懇請された。この神託で有名な宇佐の神は、しばらく後には国の「守護大菩薩」として、そして昔のある天皇の神霊として、その伝承に因んだ八幡という名で「八幡大菩薩」と呼ばれるようになった。

その後、神と仏の関係はさらに体系的に考察された。ほぼ十一世紀頃から、平安時代を通じて、ことに鎌倉時代、十三―十四世紀に、いわゆる本地垂迹説が完成される。これは、仏・菩薩を本地（本原の状態）とし、神《かみ》をその垂迹（願いに応じた示現）とするインドでいうところのアヴァター（化身、権化）である。すでに九三七年（初見とされる）から神に対して、中国仏教用語から引用した「権現」という語の使用が散見し、これが神仏習合の環境の中で多くの日本の神の称号となっていく。「権現」には、仏や菩薩がよりよく衆生を説得するために、時と所に最適の姿を選んで現れるという思想が反映している。

神仏習合の祭式実践は、元来形姿を持たなかった神道の神々に形像を取り入れる結果をもたらした。もっとも影響は一方的ではなかった。いくらかの点で日本仏教の「神道化」もあったのであり、それが日本の近隣国では見当らない形跡をそこに与えた。とくにイコノグラフィの上にそれが伺える。例えば弁才天像で、この仏教に取り入れられたヴェーダ聖典の女神サラスヴァチが、日本古来の豊穣神が持つ小さな鳥居を頭に頂いている。

明治政府の強力な神仏分離政策とその結果は、エミール・ギメコレクション『日本仏教曼荼羅』第九章参照）などでも立証される通りである。第二次世界大戦後、信仰の自由がよみがえり、習合思想も少しずつ浮上しているが、昔の状態には戻らない。復活した「純神道」は国教の地位がなくてもしっかりと樹立している。現状は、この神道と仏教の二信仰が同時に、隔たりつつ、結び合って共存しているといえようか。隔たりは、両者の源泉が深く異なるからであり、結び付きは、両者が千年以上にわたって密接に絡み合った関係にあったからである。そういうわけで、日本の宗教世界には大きい流動的、不鮮明な領域があり、多くの人にとってどの伝統に属し、どのような観念で何をするのかの返答が困難である。

1　三宝荒神《さんぼうこうじん》——仏教色を与えられた荒ぶる力、火の神・竈の神

「荒神」という名は、「荒々しい神、激しい神」と解釈できるが、極めて複雑な宗教の実態を包含している。ここで取り上げるのは、「三宝―荒神」と続き合わされた名の意味である。ところで「三宝」は、一般的解釈によれば、仏・法・僧からなる根本の三位によって表される仏教そのものを示す言葉である。したがって「三宝」の字が付け加えられていることは、明らかに三宝に帰依して、この荒々しい本能の神が、その力を善に向かって転じていると解釈すべきであろう。このテーマは、いく度か述べて来たテーマで、中でも大聖歓喜天はその例であるが、荒神はその権化であると時には言われている（なお文殊菩薩・不動明王の権化であるとも言われている）。しかし、このように荒神が明らかに仏教化しているのは「荒神経」によるところであり、そしてこのお経は、神仏混合思想の影響によって日本で書かれたものであることはよく知られている。

荒神は、和訓では荒《あ》ら神、または荒《あら》ぶる神と読むことができ、そう読むと全く違った神話的歴史背景を持つことになり、そこでは天照大神の天孫の権力に反抗する野蛮な、悪い神とされる。この荒ぶる神の基底にあるのは、これもまた非常に古い日本の伝統の「あらみたま」の概念である。「たま」というのは宿り容器であると共に、その中に存在する自然のままの、生のままの、基本的状態にある

神のエネルギーの本源であり、それは時には荒々しく、同時にまた創造の力として現れ出るものである。この概念の上に仏教の夜叉が、恐るべき面と幸運をもたらす潜在能力を包蔵して重ね合わされた。

修験道の山伏たちによって完成された山岳界の野生の力を制御する行法、陰陽道で教える陰・陽に関する知識と、五行運行の法則に基づいた実践、密教儀法の多様な手段、神道自身の観念と祭礼習慣、そういう全てがこの荒神という神格を作り上げるべく合流したようで、それがおそらく鎌倉時代を通じて形を現してきたらしい。

火は恐るべき破壊力を内在しながら、生命そのものの源として崇拝されるものである。その火の神的表現である荒神は、万物の主として、またあらゆる出生の守護神としてまつられ、真の造化の神のように見なされている。それは一切の不浄と一切の災難のもとを破壊し、家に安全とまた火防《ひぶせ》の利益をもたらす。多くの場合、竈の近くに荒神棚を設けて置かれ、その場所は厳しく清潔にしておかねばならない。

これは多くの寺においても同様であるが、この外に、とくに禅宗の寺院では荒神の特別な小さな祠堂が設けられ、寺の守護神としてまつられていることもある。鈴木大拙は、それらの寺はしばしば山中にあり、山はこの神の支配領域と考えられているので、「悪の気（邪気）」払いのためにこの神を境内に迎え入れてまつるのであると強調している。戦国時代にはまた、戦いの良い守護神とされて、その像が猛々しい前立となって飾られた。

以上が三宝荒神という、主として「火の神」「火伏せの神」「竈の神」と三重の呼称によって定義されたこの荒神の形態である。言わずもがな、これは他の別の形で別の名で知られているより漠然とした、より全般的な性格の神の一性質が、この三分野に個性的表現を持ったに過ぎない。

さて、はじめに示唆したように「荒神」という神は、すでに充分複雑な概念の三宝荒神よりさらに広い宗教的実態を包含しているものである。民俗学者直江広治は「屋敷神」と言われる神についての有名な著作の中で、荒神を三種に大別し、以後それが通説となっているが、その中で我々が取り上げている三宝荒神だけが、その普及に仏教が寄与したお蔭で、全国的に知られていること、また直江氏はこの神は家の内でまつられているのが特徴であるとしている。

二番目は同氏が「地荒神」と呼ぶもので、これは屋外で個人的な屋敷神としてまつられるか、または集団で、しばしば小高い丘の林で集落の守護神としてまつられるが、荒神の名としては局地的にしか知られていない。

三番目は異なった様子で普及しており、それは「牛荒神」と言って主に家畜の守護神である。この分類は大変興味深いとはいえ、分別の境界が厳密でないように思われる。直江氏自身あちらこちらで観察したところでは、この信仰の間に混交があることを認めている。

前述した荒神棚には、神道タイプの木の小さな厨子宮に名を記載しただけのお札の場合もあるが、仏教化した像容のお札が入れられている。最も流布した形は夜叉タイプの忿怒相で、三目の三面を持ち、頭髪は炎のように逆立ち、その中に仏の顔が見える。六臂で、主臂に金剛杵と金剛鈴を持ち、その他に弓・矢・槍などを持つが、このような持物は、さとりへの導師「金剛薩埵」と「愛染明王」を合わせたとみられる「金剛王」の持物と同じで、これはこの神の恐るべき激しい力を仏法というさらに大きな力で制御する特別な配慮を示すものであろう。岩上の返り蓮葉の台座に立つが、反《かえ》り荷葉《かよう》はしばしば天部の像の台になっているものであり、岩は、この「激しい神」の住居である高山を表しているのであろう（図版1・2）。

参考文献

『日本民俗辞典』大塚民俗学会、一九七二年、二四五―二四六頁。

直江広治『屋敷神の研究』吉川弘文館、一九六六年（第三版、一九七二年、三六九頁以下）。

Laurence Berthier-Caillet, *Fêtes et rites des 4 saisons*, Paris, Publications Orientalistes de France, 1981, pp. 366-367.

川口謙二『神仏混淆の歴史探訪』東京美術選書36、一九八三年、一四五―一四八頁。

Simone Mauclaire, « Serpent et féminité, métaphores du corps réel des dieux », *L'Homme*, 117, pp. 67-68.（「あらみたま」の概念について）
R. A. Stein, « La légende du foyer dans le monde chinois », *Echanges et Communication — Mélanges offerts à Claude Lévi-Strauss à l'occasion de son soixantième anniversaire*, La Haye, Mouton, 170, pp.180-1306, notamment p. 1287 et n. 21.（三本の脚を持つ竃の支え、及び、極東全般に亙る宗教的意味について）
Bernard Frank, *Leçon inaugurale* (Collège de France, Chaire de Civilisation japonaise, 29 février 1980), pp. 13-16.「宗教と文学の鏡を通してフランスから見た日本」石井晴一訳、『文学』一九八一年一月号、五七―五九頁。（三頭を備えた荒神と、« Deniche »〔大日如来〕と呼ばれる三位一体の神との混同〔その記述は、三位一体の神を日本で見つけたと思い込んだ衝撃を十六世紀の西洋人に与えたが〕について）
佐和隆研編『密教辞典』京都、法蔵館、一九七五年、二七五頁（三宝荒神）、二七三頁（金剛王菩薩）、四六三頁（大勝金剛）
佐和隆研編『仏像図典』増補版、吉川弘文館、一九九〇年、五一頁。

D. T. Suzuki, *Manuel of Zen Buddhism*, New York, Grove Press, 1960, pp. 173 et 178.
『日蓮宗事典』日蓮宗宗務院、一九八一年、九四四―九四五頁。

『仏像図彙』Ⅲ、22（「三宝荒神」「子島荒神」「如来荒神」）。

Art bouddhique japonais:Sculptures et peintures de la préfecture de Hyôgo (VIIe-XIXe siècle) [catalogue de l'exposition], Bruxelles, Banque Brussel Lambert, 1989, p.71 et 136 (figuration assise à huit têtes, corps rouge, peinture du XIVe siècle).

2　蔵王《ざおう》権現――末法の世を正すため吉野に示現した尊

権現というのは、日本元来のカミガミは、ある時またはある場所の要求に応じて仏陀が示現したものであると解釈して、そういうカテゴリーの神々をさす言葉である。蔵王《ざおう》は金剛蔵王《ぞうおう》の略である。金剛蔵というのは、ある菩薩の名（サンスクリット Vajragarbha）で、地蔵・虚空蔵の名を想起させるものであり、それと同じように解釈すべきで、「金剛（Vajra）の徳を内に持っている」菩薩という意味になる。このように名付けられた尊格が、さらに王（râja）と指定されて、したがってその名は「金剛の真髄の王」「ダイヤモンドの光の精髄王」という意味になろう。ところが指摘しなければならないのは、このように「蔵王」と呼ばれる「仏陀の示現」は、インド、または中国の仏典の中には見出せないということである。当然のことで、これは純粋に日本の信仰から生じた尊格だからである。

蔵王権現の姿は、日本で十世紀の間に現れたようである。この時代は、釈尊の説教の恵みを得た良き時代からますます遠ざかることによって、教理・道徳・社会の衰退期が来ると古くから定義されていた時期、つまり末法の世に入るという恐怖感の中で人々が生きていた時代であった。前にも述べたように、〔仏教では〕この遠離の悲惨な結果を癒すためにいくつかの大きな解決策が提出されていた。すなわち未来仏である弥勒《みろく》の出来《しゅつらい》を待つこと、そしてその弥勒が現れるまでは、地蔵菩薩に救済の役目がゆだねられること、または法華経の中で宣言されているように、釈迦仏は永遠に常住するという教理、また来世には西方仏である阿弥陀の浄土に生まれるという希望などであった。

この末法の時代の始まりとしてはっきりと指定されていたのが西暦一〇五一年である。ところで一〇一一年という年に、鏡に刻された蔵王権現の姿が初めて認められたのである。しかしよくあるように、この尊像に特別な起源を与えることによって権威を確立することが望まれたのであろう。この時代は山伏の修験道が大きく発展した時代で、その修行の中心が大和吉野の奥にある金峰山《きんぷせん》と大峯山《おおみねさん》であった。この山伏たちは、七世紀後半から八世紀の初めにかけて活躍したとされる、幻術で有名な半伝説的神秘的な世俗の隠修士、役《えん》の行者（第六章―3参照）を援用した。

言い伝えられた所によると、蔵王権現はまず初めに役の行者に示現したということである。それは次のような次第であった。恐るべき末法の世が近づいている時代の衆生を救う最善の方法を心配した役の行者は、それに最も適した礼拝尊の啓示を得るために金峰山で禅定に入ったところ、一説によればまず釈迦牟尼仏自身の姿が現れた。しかし今やいかなる人も仏身を眺め拝せる資格は持ち得ないという理由でそれをお断りした。そして次には千手観音が現れたが、悪世の衆生には、観音は優し過ぎると言ってそれを避けた。そこで弥勒菩薩が現れたが、今度もそれは未来の救済者に過ぎないからと断った。彼はこの末法の救助事業には、魔力を調伏するような礼拝尊が必要と願い出た。そしてその時に、岩上に立つ蔵王権現の巨大な黒い姿が啓示されたのであった。

このような概念の中には、空海が東寺のマンダラにおいて実現した「三輪身《さんりんじん》」（如来形・菩薩形・忿怒明王形）の教理の影響を容易に見てとることができよう。その教理によれば、仏陀は済度《さいど》し難い衆生を救うために、明王を以って折伏《しゃくぶく》を表す威怒形（教令輪身《きょうれいりんじん》）を現して教えを遵奉させると言われる。図像学的に見ても、三股金剛杵を振りかざしてすさまじい勢いで跳びかかるような吉野の権現の姿には、明王たちがモデルになっているのが認められるし（図版5～7）、さらに遡れば、明王の先駆的存在であった最古の仁王経による「五大力菩薩」を模した跡が認められよう（明王部図版22参照）。

蔵王権現は、吉野の金峰山寺《きんぷせんじ》蔵王堂本尊として造立されたもので、現在でも、大祭壇にその三体の巨大な像が並び、それぞれ八・五メートル、七・九メートル、七・二メートルの高さである（図版5）。ここには山伏がグループで、または個別でも参拝するが、それのみではなく、多くの一般参詣者も訪れている。ここで行われる儀式は、主として祓魔《ふつま》折伏《しゃくぶく》の性質を持った修法である。

参考文献

G. Renondeau, *Le Shugendô, Histoire, doctrine et rites des anachorètes dits yamabushi*, Paris, 1963, pp. 46-49 et

passim (Cahiers de la Société Asiatique, XVIII).
H. O. Rotermund, *Die Yamabushi : Aspekte ihres Glaubens, Lebens und ihrer sozialen Funktion im japanischen Mittelalter*, Hamburg, Kommissionsverlag Cram, De Gruyter & Co. 1967, pp. 73-76.
R. A. Stein, *Grottes-matrices et lieux saints en Asie orientale*, Paris, Ecole française d'Extrême-Orient, 1988, pp. 57 *s.*, notamment, pp. 67-68 (Publications de l'Ecole française d'Extrême-Orient).
五来重『修験道入門』角川書店、一九八〇年、三八〇―三八三頁。

久保田展弘『修験道・実践宗教の世界』新潮新書、一九八八年、九九―一〇五頁。

『垂迹美術』奈良国立博物館展、角川書店、一九六四年、一一九―一二四頁および一四六―一四八頁、解説八五―八七頁、九六―九七頁。

『仏像図彙』Ⅲ、七頁。

『密教美術大観』第三巻、朝日新聞社、一九八四年、六三―六七頁。(『仁王経』の五大力菩薩について)

3　愛宕《あたご》権現(勝軍地蔵)――火の神・火防《ひぶせ》の神

京都の西北に位置し、丹波地方との境にある愛宕山《あたごやま》は、平安京をめぐる山々でも一番の高所(九二四メートル)である。有名な愛宕神社はその山頂にある。古くからこの山には火の祭祀が存在し、この神社にまつられる神は竈の火を守り、火災を防ぐという二重の守護神として、今日でもその信仰は盛んである(図版8)。

愛宕神社は、明治の始めに、神仏分離政策の被害を受けた「白雲寺《はくうんじ》」という神仏混淆の寺院に代わってつくられた社である。常に修行に適した環境を求める山伏たちの推進力によって、昔、この山中に仏教が広められた。明らかに山伏の影響が認められるこの地の伝説によれば、ここには多くの異国到来の魔鬼が出没していて、そこに日本の太郎坊という恐るべき天狗が参加した。文武天皇が大宝年間（七〇一―七〇四）に、山伏たちから「開祖」と仮託された役《えん》の行者と、白山の修験道拠点を開いた泰澄《たいちょう》の二人に命じて、この悪しき者たちを追放せしめたと言う。白雲寺では、奈良の僧慶俊《けいしゅん》が七八一年にここに定住して、当寺を開基したとしている。

修験道の混交的思想は、愛宕の火の神の恐るべき面を、太郎坊天狗と同一視し、その守護神としての面を地蔵菩薩と同一視するという結果に導いた。こうして愛宕権現という尊格が形成されたのである。衆生を守ろうという地蔵菩薩の本願の中には、火災から守るということも挙げられているが、まさにこの炎との関係において、愛宕の地蔵は赤衣を着た姿になっているのであった。この地蔵は愛宕の神となって顕現する前の、地蔵としての普通の姿、つまり剃髪し僧衣をまとった姿をしているのだが、権現として現れている場合には、非常に特殊な「勝軍地蔵」という形姿になっている。またあるお経によれば、賊に対する恐怖心から信者を庇護するということも地蔵の利益《りやく》の一つで、蝦夷を征した大将軍坂上田村麻呂は、熱心な清水観音の信者であったが、夢により勝軍地蔵と勝敵毘沙門の援助の確信を得たという。その故事により、有名な清水観音像の左右には、この二尊の像を置くのが習わしとなっている。しかし指摘すべきは、清水系の勝軍地蔵と、愛宕系にはイコノグラフィの上で違いがあることである。前者は、通常、四天王に近い姿勢で立っているのに対し『日本仏教曼荼羅』三一二頁、

「上野清水堂お札」参照）、愛宕系の勝軍地蔵は、必ず白馬に騎乗した形で甲冑を着け、地蔵特有の持物である如意宝珠を左手に、錫杖を右手に持っている（図版9）。鎧の下には赤衣を着け、馬具にも赤色が使われている。乗馬が立っている岩は、愛宕山の頂上を表象していると見るべきであろう。

たとえこういう姿は、よく言われるように、元は田村麻呂の面影から着想されたものであったとしても、この形そのものは中世の武士闘争時代の産物ではなかろうか。また道の守護という面も持っていて、司令官のように愛宕の山頂で京の北西を警護していた地蔵が、火を守るというもう一つの別の役目で将軍とされたとしても当然であろう（図版10）。勝軍地蔵の姿をした愛宕権現の信仰は、広く日本中に伝わっていき、徳川時代の初めには、江戸にも迎えられ、東京の愛宕山の名は今もそれを証示している。しかし、当時建設された寺は、毀され、明治時代に純粋な神道の神社が再建された。松本良山による仁王像もその時に消失した。

参考文献

Anne-Marie Bouchy, « The Cult of Mount Atago and the Atago Confraternities », *The Journal of Asian studies* (University of California), vol. 46, 2, mai 1987, pp. 255-277.

吉田東伍『大日本地名辞書』上方、冨山房、一九〇〇年（一九三八年再版）、一一八一一一九頁。

『山城名所志』［一七〇五序］巻九、『増補京都叢書』第七、増補京都叢書刊行会、一九三四年、四三六―四三八頁、「白雲寺」。

真鍋広済『地蔵尊の研究』磯部甲陽堂、一九四一年、一八四頁以下。

真鍋広済『地蔵菩薩の研究』京都、三密堂書店、一九七〇年、二一一頁以下。

川口謙二『神仏混淆の歴史探訪』東京美術選書36、一九八三年、一三七―一三九頁。

望月信成、佐和隆研、梅原猛『定本　仏像――心とかたち』日本放送出版協会、一八七一年、一一七―一一八頁。
『仏像図彙』Ⅲ、七頁。
『国史大事典』吉川弘文館、第八巻、一九八七年、八〇〇頁。（泰澄について）
『国史大事典』吉川弘文館、第四巻、一九八四年、三〇八―三〇九頁。（慶俊について）

4　金毘羅大権現――海上を守る瀬戸内海の大神

金毘羅信仰は、常に典拠をインドに求める仏教的思考と、日本の地域の現実に根を張った宗教的関心との融合の中から発達した典型的な信仰である。

伝統的に受け入れられている説をとれば、コンピラは、サンスクリット語「クンビラ（Kumbhīra）」の音写であり、語源的には「クンバ（kumbha）」という「壺」を意味し、象の前額のように隆起した形のものを想起させる語と同系である。同類語「クンビン（kumbhin）」は、「壺を持つもの」「壺の形をしたもの」で、名詞として象または鰐《わに》を指して使われる。クンビラそのものは、鰐の一名称、とくに河と海を往来することで知られるガンジス河の鰐の名となっている。

仏教の伝統では、クンビラはあるナーガ――東アジアでは竜と同一視された水棲霊獣――の名であり、または仏陀シャカムニが住んだマガダ国の王舎城を守護していた一夜叉の名とされている。この名は薬師如来の護衛を務める十二神将の第一将の名でもあるが、この場合は別の音写表記で「宮毘羅《くびら》」

と発音されることが多い。

同夜叉将軍を、ある経典の中で「マカラ・クンビラ」と言い表していることに注目したい。マカラ(makara 摩羯魚《まかつぎょ》)は、河・海に住むインドの神話獣で、水の神――バラモン教ではガンジスの女神――の乗物である。鰐または海豚《いるか》に見なされていた霊獣で、その嘴がある場合には象鼻に戯化された。日本やインドで「象鼻《ぞうばな》」と言って建築装飾のモチーフになっているもので、ここでは象のイメージが上になってしまったのであろう。

しかしマカラだけが、かくこの水棲の高貴なる厚皮獣の本性に参加しているのではない。ナーガ(竜)の名も時にはそこに付されていること、そしてそのいずれもが、降雨をもたらす者とされていることを想起されたい。以上のすべてが、日本に定着した金毘羅信仰の中心が、「象頭山《ぞうずさん》」と呼ばれることとおそらく無関係ではなかろう。

事の起こりは不明であるが、金毘羅の名を持ったナーガの王(ここでは明らかに竜王と考えられている)が、瀬戸内海警備の要地、讃岐のこの地に迎え入れられたのである。

此処、長い階段を上って海岸平野と海を見渡す所に、明治以来「金刀比羅宮《ことひらぐう》」と言う名称になった社が聳えている。しかし人々は、「金毘羅さま」と今でも親しく呼び続けている(図版11)。そしてさらに後方高くに象頭山が控えているが、この名は、明らかにその山容に由来するとしても、以上述べたように、象と竜それぞれの範疇にこの神の体質が通じているという伝統的な関係が原因であることもほぼ確かであろう。なお象頭山――サンスクリット語では「ガヤーシールシャ(Gayâśîrṣa)」――はインド仏教の伝統で二つの重要な山の名であったことも付言しておく必要があろう。
この象頭山の前と上に、真言宗がシャカムニ仏を本堂とする寺を建立した。そうして人々はクンベラが釈尊ゆかりの王舎城の護衛であったことが、守護神としてここに迎えられた理由であったのだ、と考えるようになった。

金毘羅祭所の存在に関する確かな資料の初見は、十一世紀の初頭になり、それはこの祭所がすでに当時、皇室の優遇を受けるほどに重要なものであったことを示している。遠く海上から目印とされたその山の高所から「竜王」は讃岐の周辺を見守り、漁師や船人を嵐と海賊から守護していた。中世後期になって商業が活発になるに伴いその信仰もまた拡大した。江戸時代には、とくに航海の守り神となり、それは今日にも及んでいる。その他にも雨の主という竜の資質から豊作を保証するとされ、農生活にも重要な位置を占めた。多くの所で金毘羅参りに備えて講が組織され、金毘羅船を仕立ての参詣の思い出は長く民間に残っていた。こうした熱心な信心の雰囲気の中で、この神は「金毘羅大権現」という栄誉ある称号を受けたのであった。その称号の初見は、一六一八年である。

明治になり、「金毘羅」というサンスクリット語の響きを持つ名称が挑発的に聞こえるということで、行政上は「琴平」と日本化し、広大な施設を管理していた松尾寺は山から追われた。この寺は山麓の巡礼町に小さく再建されて、「金毘羅大権現」の密教修法を継続し、山上では立派な金刀比羅宮が、古い神道の神を、この地の神的存在と同一と見なしてまつっている。

仏教的な金毘羅祭祀は、隣県徳島の箸蔵寺《はしくらでら》においてより立派に伝存され、金毘羅の奥の院と言われている。この寺は講のあった所で、会員は掛軸状のこの神像版画を頒布されていた。それによって、神道化した神社が隠蔽してしまった金毘羅の明確なイコノグラフィを知り得るのであるが、その像容は、薬師仏の十二神将グループ第一将と混同され得るものではない。夜叉神の厳しい表情、逆立った頭髪、右手の剣などは同じとしても、左手には金毘羅の竜またはナーガとしての資質を証左する独自の持物、すなわち願を叶え、とくに雨を降らし得る能力を秘めた宝珠を持っている（図版12）。

参考文献

『国史大事典』吉川弘文館、第五巻、一九八五年、九二七頁（金刀比羅宮）、第六巻、一〇五―一〇七頁（金毘羅、金毘羅参詣船、金毘羅神道）。

近藤喜博『金毘羅信仰研究』塙書房、一九八七年。

守屋毅『金毘羅信仰』雄山閣出版、一九八七年（「民衆宗教史叢書」19）。（とくに、八七頁：称号「金毘羅大権現」初見の年号について）

Hartmut O. Rotermund, *Pèlerinage aux neuf sommets, Carnet de route d'un religieux itinérant dans le Japon du XIXe siècle*, Editions du CNRS, 1983, p. 26 et n. 24, p. 372.

久野健『仏像辞典』東京堂、一九七五年、六五三および六六四図。（薬師如来を守護する十二神将のうちの一神としての金毘羅あるいは宮毘羅の図像について）

南日義妙『仏像をたずねて』大阪、文進堂、一九七〇年、四六三頁。（金毘羅大権現の図像について）

『全国寺院名鑑』全日本仏教会寺院名鑑刊行会、一九六九年、一一七頁および一〇二頁。（松尾寺および箸蔵寺について）

M.-Th. de Mallmann, *Les enseignements iconographiques de l'Agni-purâna*, Paris, PUF, 1963, p. 233.（摩羯羅について。この本では次の論文を参照している。）Odette Viennot, « Typologie du *makara* et essai de chronologie », *Arts Asiatiques*, I（1954）, pp. 189-208 ; « Le *makara* dans la décoration des monuments de l'Inde ancienne », *ibid.*, V（1959）, pp. 183-206 et 272-292 ; *Introduction à l'iconographie du tântrisme bouddhique*, pp. 6 et 437.

5 稲荷大明神——稲を生成し、財福を与える

稲荷信仰に関する最も古い伝承では、その起源を山城地方としている。後に平安京が造営された地域である。この神は、穀物を栽培し、養蚕を行っていた移民の秦氏がまつっていた神だと言い伝えられる。この信仰が広く流布したのは後のことで、その中心は、京都の南に位置する伏見の祭所であった。樹に覆われた山に朱色の神殿が今でも訪れる人の目に強い印象を与えている。西暦七一一年、秦氏の一人が初めてこの地にこの神を祭祀した。

伏見では、まつられる神の主神は、正式には「宇迦之御魂神《うかのみたまのかみ》」という名で知られている(図版13)。「うか」というのは古語で食料をさす語の一つである。したがって「食料の御霊の神」と解釈できようか。正確には「穀霊」と説明されているが、言うまでもなくすべての穀類の中で、ここでは稲が主要なものである。初めより、「いなり」という名は、「稲成《な》り」が縮約された形と解釈され、主食となる貴重な植物の生育を保証する神に関していたことは明らかである。「田の神」の個性化された一形態とも解釈された(下記参考文献 L. Berthier-Caillet)。

この地域における稲荷の歴史で、しかも決定的な事件は、『弘法大師行状絵詞』にその源泉を見ることができる。弘仁七年(八一六)初夏のある日、この著名な真言宗の創始者が、稲を背負った異様な「大

権」の気を漂わせた老翁に出会った。この人物は、自らをいなりの化現であると名乗った。それが通常「いなり」に「稲荷」の字が当てられる所以である。その頃、東寺を賜ることを希っていた弘法大師は、この老人に東寺でお待ちすると約束した。それより七年後の同月同日、それは東寺を賜った勅令のすぐ後であったが、例の化現の老翁が、家族連れで東寺南門に現れた。大師は都の南東に勝地を選んで与え、そこがこの話によれば、伏見稲荷の発祥地であり、その地で東寺の守護神としてまつられることになったという。実は、それ以前に言い伝えられていたように、おそらく「いなり」の祭所はすでに存在していただろうと思われる。しかし、この地とまたこの神への贈位に関する確かな文献の初見が八二七年であるということは、つまり稲荷と真言宗が結ばれた時代と一致するのである。これが、伏見稲荷の宣揚に少なからず寄与したに違いなく、以来、ますます栄えて、九四二年には朱雀天皇によって最高の栄誉正一位の位が贈られた。

中世を通じて、さらに江戸時代にわたり、日本の経済が次第に複雑化するに伴い、稲荷の尊格も自ずから新しい様相を加えていく。当初はもっぱら農業活動に関連して形成されてきた尊格であったものが、商業と職人業、後には工業・金融という他の富の領域にも拡大していった。また屋敷神の性格も帯びるようになった。こうして稲荷信仰は、至る所に伝播し、田舎や小さな街の通り、またビルの屋上のテラスにまで、ここかしこにと赤い鳥居が見かけられるようになった。

稲荷の祭所もまた、明治維新に大部分は「脱仏教化」され、とくに伏見もその例にもれず、現在は純粋な神道で、したがって使者にして守衛の狐を除けば形像というものはない。

この尊格の最も古いイコノグラフィは、神仏混交環境の中で伝播したもので、今日までいくつかの仏寺で辛うじて伝存（または再興）された稲荷信仰（例えば成田の新勝寺）（図版14）において、のみならず、神道の社においても聖像破壊がそれほど激しくなかった所（例えば茨城の笠間稲荷）などでまつられ、この明神は、上述の話にふさわしく長髭の老翁で、頭布を着け長衣をまとっている。左肩に稲束を担ぎ、右手は鎌を持つ。この形の神像は、女性化された稲荷に対して男稲荷、または伏見形ともいわれている。

参考文献

D. C. Buchanan, *Inari: Its Origin, Development, and Nature*, *Transactions of the Asiatic Society of Japan*, numéro spécial, 2e série, XII (déc. 1935), Tokyo.
Dictionnaire historique du Japon, IX, Tokyo, Librairie Kinokuniya, 1983, p. 51, *s. v. Inari-jinja* (Publications de la Maison franco-japonaise).
南日義妙『稲荷をたずねて——稲荷信仰の由来と御神徳』大阪、文進堂、一九七四年。
直江広治『稲荷信仰』雄山閣出版、一九八三年（「民衆宗教史叢書」3）。
松前健編『稲荷明神——正一位の実像』筑摩書房、一九八八年。
Laurence Berthier-Caillet, *Fêtes et rites des 4 saisons au Japon*, Paris, Publications Orientalistes de France, 1981, pp. 175 et 223-225.（稲荷と田の神との関係について）
『仏像図彙』Ⅲ、四頁ゥ。
東寺記念出版委員会編『弘法大師行状絵巻——東寺本重文』京都、八宝堂、一九七三年、図版34、解説四四—四五頁。（弘法大師と老人の出会いについて）

荼吉尼天《だきに》──女性形の稲荷

「荼吉尼《だきに》」はサンスクリット「ダキニー（dākinī）」の音写で、恐るべき夜叉の類であるが、とくにチベットの信仰において重要な役割を持っていた。ダキニーたちは、人を誑《たぶら》かして人間と取引を試みるとみなされていた。また人肉を好むとされ、ある伝承では、死肉を餌とするとも言われた。この名自体は Dī という「行く、歩く」の意味を持つ語根と結ばれていて、「空を行く者」というような意味に解釈できる。ダキニーは、他の多くの鬼神たち、例えばヤクシニー（女性夜叉）、またヤクサニーのように比較的下位に属する存在と言われるが、仏教に改信して、やがて守護神になり得るとみなされている。ここに付された「天」の字は、この良き変化を強調し、敬意を表しているものである。

とはいえ、ダキニーの不気味な、人を惑わすという性向の評判は、それで完全に消えたわけではない。平安時代には人々は、野干《やかん》という不思議な獣と組み合わせて考えていた。この動物は、おそらく初めはジャッカルがモデルで、しかし中国では狼に似た啼き声の、樹に登る一種の小さな狐とされ、人肉を喰うと記述された動物である。「荼吉尼法」という祈祷について、十三・十四世紀のいくつかの異なる出所の記録が言及しているが、神通力を目的としていて、学僧からは外道とされていた。

稲荷と、荼吉尼天となった女神との習合の起源は、少なくとも此処の場合ずっと後代のことであるが、豊川近郊の曹洞宗妙厳寺の伝説に関連している。それは、道元の弟子として知られる禅僧寒巌義尹《かんがんぎいん》が、一二六七年、二度目の渡宋より帰国の際、海で得た示顕に基づいた伝説である。波の上空に一人の美しい女神が肩に稲束を担ぎ、手に宝珠を持って、白狐の上に腰かけて憩っていた。その女神は義尹に、自ら荼吉尼天であると名乗り、仏教の規律を守る者たちのためにすべての障害をなくし、常に喜楽と、平安をもたらすという「真言」を与えたということである。これが妙厳寺に伝えられた話であるが、義尹の伝記には引用されていない。義尹より六代目の法嗣にして妙厳寺の開山義易《ぎえき》が、一四四一年、この女神の像をここに安置したという。この地の伝承では義易は、ある神秘で不可解な事件によって稲荷だとされた老翁に勧められたということである。

当寺の鎮守とされた荼吉尼天――正確には荼吉尼真天――は、やがて一般には豊川稲荷の名で知られ（図版16）、本殿に祭祀されることになった。そうして著しく習合的性格を持つ環境と修法で以ってまつられている。神仏分離の際は危機に面したが、仏教側に付くことを明らかにしてその信仰は生き続け、一八九四年に再建された建築にもそれがよく現れている。

昔は、信長・秀吉・家康、またさらに渡辺崋山（一七九三―一八四一）というような著名人がしばしば訪れ、豊川稲荷は、現在でも非常にポピュラーな霊地である。

この稲荷は、女稲荷《おんないなり》ともいわれ、白狐の上に半跏に座し、左手に宝珠、右手に稲穂を持っている。山岳界と人間界を往来する狐は、古くは「田の神・山の神」の信仰と結ばれて不思議な力を持つとされ、多くの説話が伝えられるが、とくに白狐は稲荷の侍者であり、お使いとして神秘なオーラを持ち、命婦《みょうぶ》の位を授けられている。

参考文献
Kuo Li-ying, « Dakini », *Hôbôgirin*, vol. VIII, 2003, pp. 1095-1106.
笹間良彦『ダキニ信仰とその俗信』第一書房、一九八八年。
Annuaire du Collège de France, 1981-1982, pp. 603-604 ; (rééd.) Bernard Frank, *Dieux et Boudhas au Japon*, Paris, Editions Odile Jacob, 2000, pp. 102-103.
『仏像図彙』Ⅲ、二三頁ゥ。

6 飯綱《いづな》権現――稲荷＋修験道＋天狗

信州戸隠連峰の飯綱山（一九一七メートル）は、非常に古くから神の住居とされていた所で、早くから頂に稲荷がまつられていたようである。後になって、この近くの戸隠山に修験道の発達に伴って山伏の道場ができ、豊川稲荷の形成と全く違った条件で荼吉尼《だきに》天信仰（第五章―5参照）がここに重なった。次いで、山伏たちの間で広がった天狗のイメージがそこに混淆して来た。このようにしておそらくすでに平安時代末に、さもなければ鎌倉時代初期に、この三要素の混合信仰「飯綱権現」が現れて来たようである。

飯綱権現は、その容貌を、大体山伏の重要な信仰対象である不動明王から借用していて――例えば炎の光背、左手の羂索・右手の剣など——、いわゆる烏天狗からは翼と嘴をとっている。その乗物としては、荼吉尼天が稲荷の白狐に変貌した野干《やかん》が与えられている。それらは以上のそれぞれの尊が持っている効験を、この権現が一尊に集約して備えていることを示そうとするものである。しかしながら、この権現の主なる本性は、やはり天狗のごとくに感知されていたことを認めなければならないだろう。

この信仰は、飯綱山から八王寺の高雄山に分派した（図版18）。同じく飯綱権現から出た親族として、静岡秋葉山の三尺坊があり（図版19）、小田原の禅宗の大天狗道了尊も同じ身元であろう。この大天狗は、強力な守護神になろうと宣言したある僧の再来と伝えられている。

参考文献

知切光歳『天狗の研究』大陸書房、一九七五年（とくに五八頁以下）。
知切光歳『図聚天狗列伝』岩政企画［発売・三樹書房］、一九七七年。
川口謙二「秋葉権現と仏教」『大法輪』LI、十月、一九八四年、一六五—一六七頁。
笹間良彦『ダキニ信仰とその俗信』第一書房、一九八八年、九五頁以下。
『仏像図彙』Ⅲ、七頁。

天狗

天狗と言う名を文字通りに解釈すれば、「天の犬」の意で、中国語から借用した語であるが、日本では、この語源とは全く無関係な意味を持つようになった。中国においても第一義では「山の怪物」——後に成立した日本の天狗とは非常に異なった形をしているが——を指し、第二義では、これも魔的なものとされていた「流星」を意味していた。この流星の中国的解釈をもって、天狗という語が初めて『日本書紀』(七二〇年編纂成立)に現れている。しかし、真の日本天狗は、主として日本の古来信仰から生じているようである。その概念は、多くの点で「山の神」「山男」のそれに通ずるもので、諸々の不思議な現象が帰せられるところの、山に宿る、人を拒むような神秘な力である。例えば、俄かな落石、急に聞える嘲笑の響などというような……。また天狗に必須の特徴は常に飛んで移行することである。

十一世紀末から十二世紀初頭にかけて編纂された『今昔物語集』には天狗の描写があり、それは天狗について最古のものの一つであるが、一種の鳶のようなもので、幻影を出現させる能力があるとしている。同じ十二世紀末に描かれた有名な絵巻の中では半人間の形で、鳥としては羽と爪が残るのみになっている。

天狗の活動は人を誑かしたり、誘拐したり、時に山林の修行者を妨害することで、したがってよく仏陀の執拗な敵、魔王と同一視された。

修験道の影響の下に、山奥で「業」を清め、同時に優れた験力を求める修行が発展して来ると、この山に伏す者、つまり「山伏」のイメージが、同様な環境に出没する天狗のイメージとある時には混同されるということになった。そこで一方では奇矯な、または高慢な山伏を天狗か、または天狗になるだろうと疑い、他方では天狗の方が仏法に仕える誠実な守護神的性格を帯び始め、多くの霊場でまつられることになった——かかる例は、度々述べたようにインドの夜叉に見ることができるものである。

イコノグラフィの観点から見れば天狗には二つのタイプがある。一つは「小天狗」または「烏天狗」

と言われるタイプで、鳥のような嘴があり（図版20）、ある部分インドの迦楼羅《かるら》（金翅鳥《こんじちょう》）の影響があると思われている。第二のタイプは、「大天狗」と言われ、長い巨大な鼻がある（図版21）。祭事の面などでは小天狗は青色、大天狗は赤色に塗られ、一般に後者の方が前者より経験があり、優れた力を持つと思われている。

天狗は、とくに大天狗は、山伏のような小烏帽子《えぼし》を着け、持物として羽毛の団扇を持っている。しかし幾種かの武具を持っている場合も多い。原則的には大人しくなり、したがって守護者であるにもかかわらず、その表情は不気味で、いずれにしても予期し得ぬ自然の力の前に人間が感じた古い恐れを具現しているようである。

参考文献

M. W. de Visser, « The Tengu », *Transactions of the Asiatic Society of Japan*, Yokohama, 1908, XXXVI, 2e partie, pp. 25-98.
H. O. Rotermund, article « Démons. Les tengu du Japon », *Dictionnaire des mythologies*, sous la direction d'Yves Bonnefoy, I, Paris, Flammarion, 1981, pp. 288-291.
知切光歳『天狗の研究』大陸書房、一九七五年。

知切光歳『図聚天狗列伝』岩政企画［発売・三樹書房］、一九七七年。

宮本袈裟雄『天狗と修験者』京都、人文書院、一九八九年。

『仏像図彙』Ⅳ、一四頁ゥ。

『今昔物語集』巻第二十「伊吹山三修禅師、得天宮迎語第十二」（日本古典文学大系25）。（天狗の呪縛について）

『今昔物語集』巻第二十七「近衛舎人、於常陸国山中詠歌死語第四十五」（日本古典文学大系25）。（山の神の恐ろしい声について）

7　その他の神々

1　富士浅間大神（図版22）／2　宇気母智神（図版23）／3　狩場大明神（図版24）／4　湯島天神（図版25）／5　七面大明神（図版26）／6　牛頭天王（図版27）／7　牛玉宝印（図版28～30）／8　芋掘藤五郎（図版31）／9　鐘馗（図版32）／10　馬鳴菩薩（図版33）／11　養蚕守護（図版34）

第六章　高僧部

図版１　**達磨大師**（南禅寺慈氏院・京都府）

図版２　**起上り達磨**（達磨寺・京都府）

図版３　南無仏太子像
（二才像）

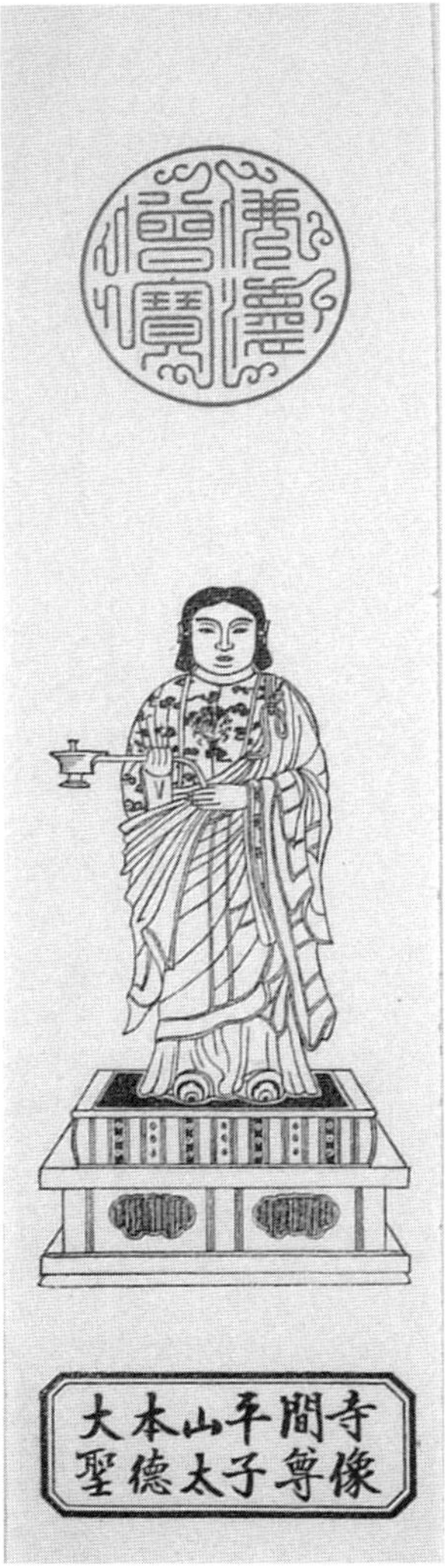

図版４　太子十六才像（孝養像）
（平間寺・神奈川県）

図版５　聖徳太子講讃像（頂法寺〔六角堂〕・京都府）

図版６　役行者と前鬼、後鬼（聖護院・京都府）

図版８　役行者（墓之谷行者寺・和歌山県）

図版７　役行者（大峰山龍泉寺・奈良県）

図版９　慈恵大師像（川越喜多院・埼玉県）

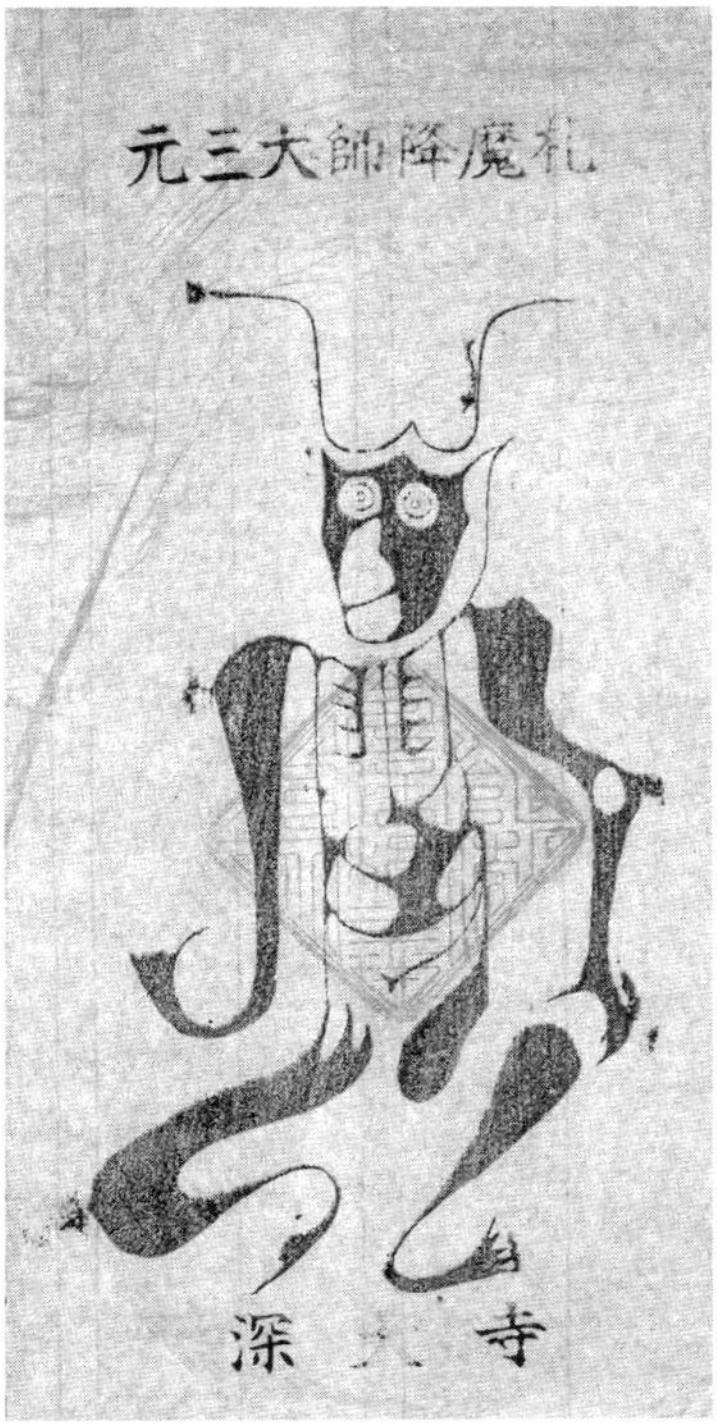

図版 11　元三《がんさん》大《だい》師《し》降《ごう》魔《ま》札《ふだ》（角《つの》大《だい》師《し》）
（深大寺・東京都）

図版 10　鬼大師像（発行寺社名不明）

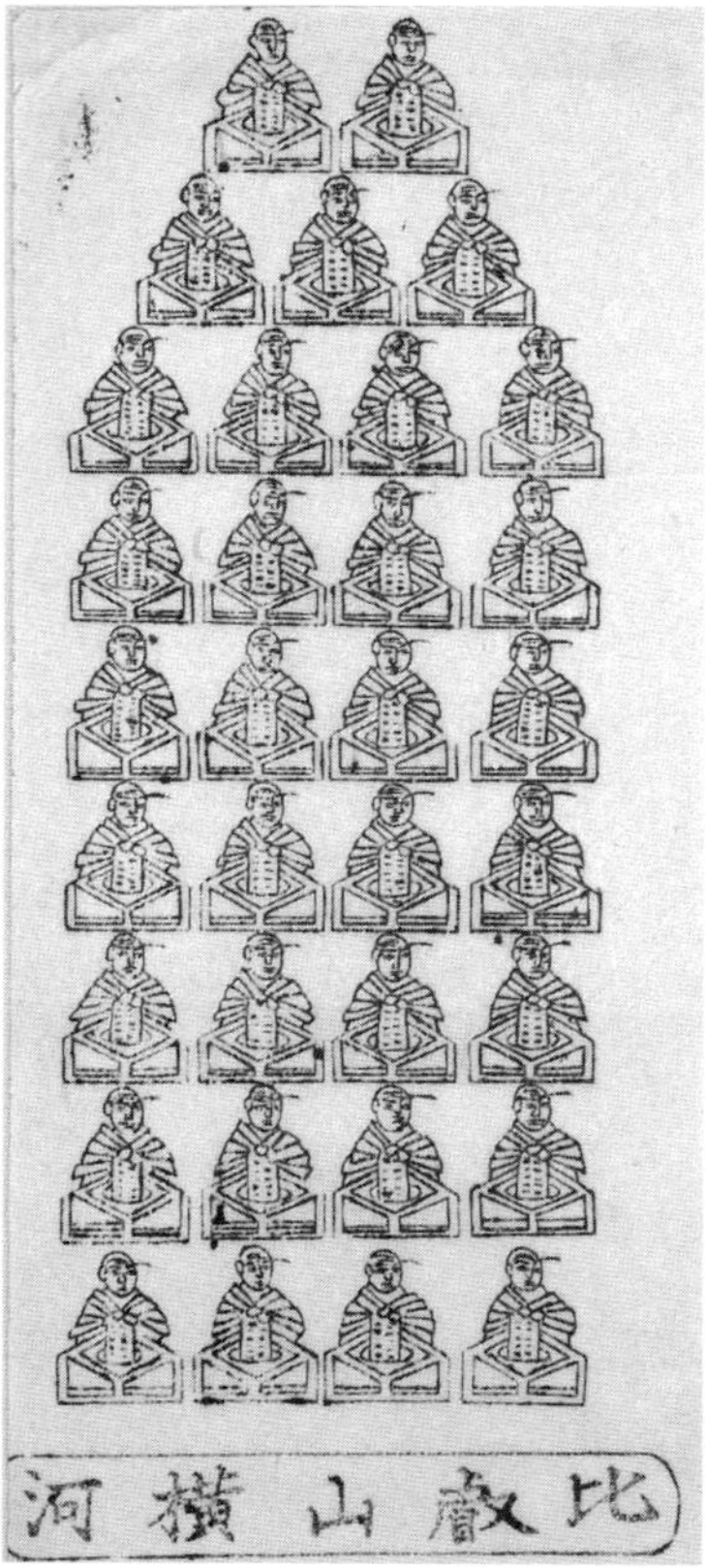

図版 13　豆大師（比叡山横川・滋賀県）

図版 12　降魔札（角大師）
（水沢寺・群馬県）

図版 15　弘法大師誕生仏（海岸寺奥院・香川県）

図版 14　伝教大師（延暦寺・滋賀県）

図版 17　弘法大師
（高野山奥之院・和歌山県）

図版 16　弘法大師（東寺・京都府）

図版 19　興教大師（根来寺《ねごろじ》・和歌山県）

図版 18　遍照金剛
（金剛頂寺、通称土佐《とさ》西寺《にしでら》・高知県）

図版 20　浄土宗両祖（法然と善導）**御対面尊影**
（勝尾寺二階堂・西国札所第 23 番・大阪府）

図版 21　善信房《ぜんしんぼう》御影（頂法寺〔六角堂〕・京都府）

図版 22　親鸞《しんらん》上人《しょうにん》時雨《しぐれ》御影
（高野山巴陵院・和歌山県）

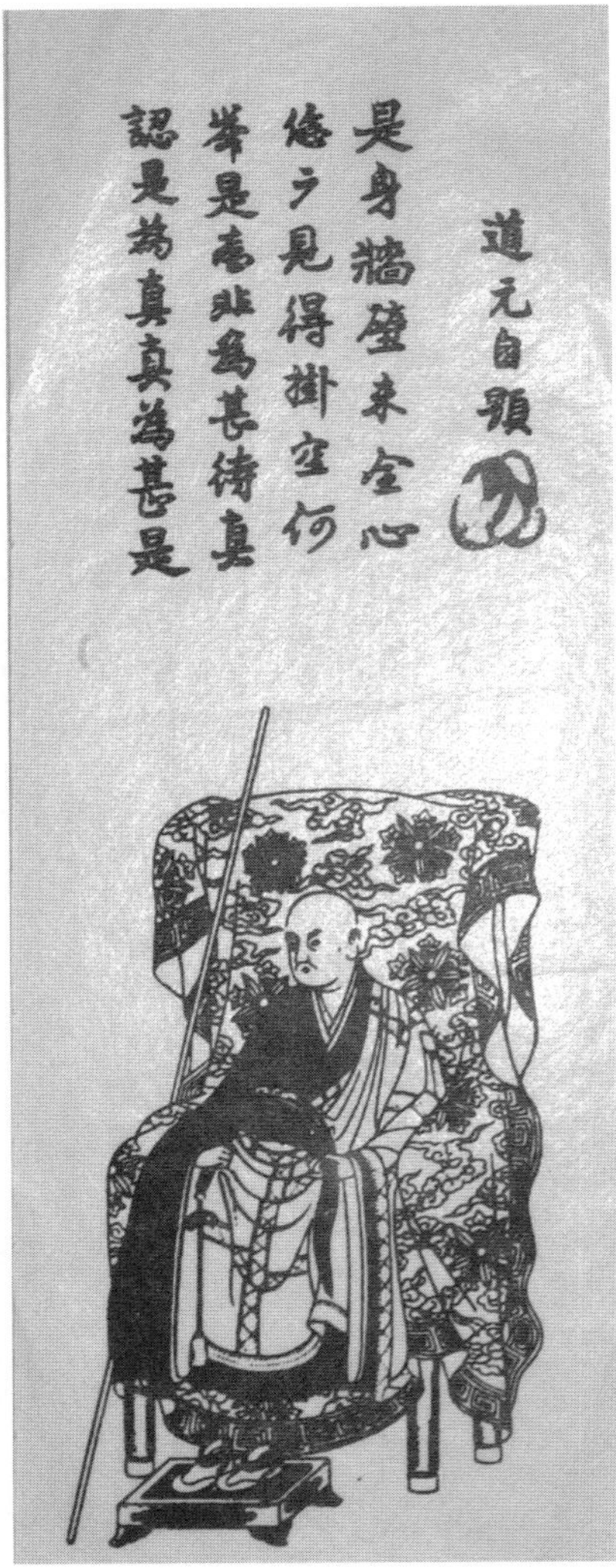

図版 24　道元禅師（発行寺社名不明）

図版 23　日蓮上人星下りの霊蹟
（妙純寺・神奈川県）

シャカムニ仏と、聖化または神話化された稀な幾例の尊（弥勒《みろく》に同化された僧布袋《ほてい》のような）を除き、先項の五範疇に集められた諸尊はすべて理論または信仰からの生成である。

しかし仏教はまた、初期の発展段階からその普及に尽した重要人物に敬意、謝意を表すためにその人々のイメージの昇格も行った。その高僧たちは聖伝によって全く歴史的事実の人物のように紹介されているが、もちろんある程度伝説の要素が大きいことは明らかで、むしろ主要な部分を占めていると思われる。その中には仏や神に少しも劣らない信仰の対象となっている高僧もいる。宗徒から信心深く「お大師さん」と呼ばれている真言宗の始祖弘法大師はその例であろう。付言しておきたいのはそういう聖者の幾人かは役職を持つ一種の守護神のようになっていることである（ここにも神話化の現象が見られるのだが）。浴室を守護する跋陀婆羅《ばつだばら》尊者、あるいは寺院の書庫を守る傅大士《ふだいし》のように。

このリストには起源の国から東方の終点に至る、いわゆる「三国」に属すインド・中国・日本の仏教史を要約した人物が並んでいる。それは釈尊の直弟子から始まり、中国仏教の高僧へと続き、さらに発展して日本の重要な思想と信仰実践の流れを代表する僧、世俗信者で終わっている。

1　達磨《だるま》大師

達磨という名は、菩提達磨《ぼだいだるま》の略称で、これは「ボディダルマ（Bodhidharma）」（正法またはさとりの真髄という意）の音写である。六世紀にインドから中国に禅を伝えたという有名なインド僧で、以来すべての禅宗において開祖と崇められてきた（図版1）。

歴史的見地によれば、実は非常に把握し難い人で、むしろ禅の教義の精髄を人格化したものではなかろうかと考えられる。

日本の民間では、有名な「面壁《めんぺき》九年」の故事は、中国少林寺における達磨大師のこととされ、脚のない容姿がつくり上げられた。こうして派手に彩色された張り子のだるまが、縁起物として至る所でもてはやされている（図版2）。

しかしどの禅宗の寺においても、菩提達磨の像は厳正に伝えられていて、その形姿はいかめしく坐禅に専念する姿である。多くは椅子の上に座し、両掌を膝上で組み合せ、衣で頭上を覆っている。このタイプの日本で最も美しい像は、王寺《おうじ》（奈良県）の達磨寺に伝存する永享二年（一四三〇年）銘の達磨像であろう。

参考文献

A.-W. Watts, *Le bouddhisme Zen*, Paris, Payot, 1960, rééd. 1982.
太田古朴、阿波谷俊宏『日本のほとけさま自己紹介と仏像観賞』信貴書院、一九六一年、一八二—一八三頁。（達磨寺の仏像について）
『仏像図彙』V、五頁ゥ。
Josef A. Kyburz, « Des liens et des choses : *engimono* et *omocha* », *L'Homme*, n°117, janvier-mars 1991, pp. 96-121.（縁起物について）

2　聖徳太子

用明天皇の第二皇子、厩戸《うまやど》皇子（五七四—六二二）は、五九三年、伯母の推古天皇によって摂政皇太子に任じられた。太子は聡明に政事に当たり、とくに日本社会の道徳原則を標示した「十七条憲法」の発布は有名である。薨《こう》じて後、聖徳太子と諡《おくりな》名された。

仏教が百済の国使によって大和朝廷にもたらされたのは、六世紀中期のことであったが、推古帝に母系で繋がり、大陸との関係を緊密化しようとする蘇我氏と、外国到来の宗教に激しく反発する保守派との政治闘争は数十年に及び、保守派は、五八七年、信貴山の最後の戦いで敗北した。この戦に若き太子は蘇我氏側に参加し、伝承によれば、四天王に祈願して勝利に導いたといわれ、これが大阪の四天王寺の起源と伝えられる。

太子は朝鮮半島からの来朝僧を師として学んだと言われ、熱心な仏教の保護者となり、蘇我氏と共同で日本における仏教の定着を確固たるものとなした。太子の没後、蘇我氏は、前途を遮る太子の嫡子孫を亡ぼしたものの、死霊の償いとオポチュニズムから、太子一族の祭祀に努め、それが法隆寺において発展した。生前太子が所有したこの斑鳩《いかるが》の地には、太子自らの建立になる寺院があったが、その後に起こった数々の変遷を経て、ここに太子の記憶が強烈に生き続くことになった。しかし、この本所の地を遥かに越えて、太子の聖徳と、その示された仏教の根本的諸相にわたる理解の深さによって、さらに諸伝説によるオーラが加わり、やがてすべての宗派において、法華経信仰の側からも、阿弥陀浄土信仰の側からも、共通の祖として多くの場で崇められている。また厚い民衆の太子信仰がその人格をめぐって織り成されていき、とくに観音の化身と信じられた。

太子の生涯の有名なエピソードから、いくつかの像容型が流布し、その一つは「南無仏《なむぶつ》太子像」(二歳像)という、腰裳をまとっただけの幼児が両手を合わせて南無仏を唱えている姿である(図版3)。もう一つは「太子十六歳像」(孝養像)と言われ、父用明天皇の病平癒を祈り、香炉(絵香炉《えごうろ》)を持っている(図版4)。

参考文献

Francine Hérail, *Histoire du Japon, des origines à la fin de Meiji*, Paris, Presses Orientalistes de France, 1986,

pp. 58-67.
Hermann Bohner, *Shôtoku-taishi*, Tokyo, Deutsche Gesellschaft für Natur- und Völkerkunde Ostasiens ; Leipzig, Otto Harrassowitz, 1940, p. 1033.（全基本資料収録）
田中重久『聖徳太子絵伝と尊像の研究』京都、山本湖舟写真工芸社、一九四三年、図版一〇一―一四九（著者は父帝の病時に於ける太子の年齢を修正年譜に基づいて十六歳から十四歳に訂正している。この件については下記図書も参考のこと。小倉豊文『聖徳太子と聖徳太子信仰』京都、綜芸社、一九七二年、一一一―一二〇頁および付録一、九頁）。
林幹弥『太子信仰――その発生と発展』評論社、一九七二年。
石田茂作『仏教美術の基本』東京美術、一九六七年、一五六―一五九頁。
『仏像図彙』Ⅳ、一九頁ウ。

聖徳太子講讃像

聖徳太子撰述と伝えられる『三経《さんぎょう》義疏《ぎしょ》』とは、『法華《ほっけ》』『勝鬘《しょうまん》』『維摩《ゆいま》』三経の注釈書である。これを伝統的に太子撰述として来たことに疑が呈されていることを付しておくが、『勝鬘経（シュリマーラー王女の経）』は、「如来蔵」と言われる大乗の思想を説いたテキストで、一切の衆生は、生まれながらにさとりの可能性を宿しているということを教えるものである。『日本書紀』によれば、推古天皇十四（六〇六）年に天皇が太子にこの経の講義を依頼し、太子は三日間でこれを講じたという。このエピソードは『聖徳太子絵伝』などでも欠かさず紹介され、その画像、彫像が礼拝されてきた（**図版5**）。その像は、大体において「摂政像」で現されており、袍衣の上に袈裟を着け、冕冠《べんかん》（儀式用の玉だれ冠）を戴いた容姿になっている。

参考文献

田中重久『聖徳太子絵伝と尊像の研究』京都、山本湖舟写真工芸社、一九四三年、図版一七三―一八四。

菊竹淳一「聖徳太子絵伝」、『日本の美術』九一号、至文堂、一九七三年（表紙は橘寺の太子像）。

石田茂作『仏教美術の基本』東京美術、一九六七年、一五八―一五九頁。

『仏像図彙』Ⅳ、一九頁ゥ（ここでは太子像が摂政像（座像）として表されている。笏を持ち、勝鬘経講讃像とは別の像形であり、太子死の前年、四十九才の像と記されている）。

Jean-Noël Robert, *Les doctrines de l'école japonaise Tendai au début du IXe siècle — Gishin et le Hokke-shû gi shû*, Paris, Maisonneuve et Larose, 1990, pp. 12-13 (Bibliothèque de l'Institut des Hautes Etudes Japonaises).（『三経義疏』太子撰述の信憑性について）

Alex et Hideko Wayman, *The Lion's Roar of Queen Śrîmâlâ. A. Buddhist Scripture on the Tathâ-garbha theory*, New York et Londres, Columbia University Press, 1974.（『勝鬘経』の翻訳）

3　役《えん》の行者――修験道の精神的始祖

「役の行者」と言われ、また「役《えん》の優婆塞《うばそく》（在俗信者）」とも言われる役《えん》の小角《おづぬ》は、正確な歴史的事実の極めて微かな人物である。蔵王権現の項でもすでに述べたように、呪術を駆使し――おそらく一種のシャーマン（巫者）とも言えようか――、大和と紀伊の境にある葛城山《かずらぎさん》に住んでいた隠遁修行者であった。ところがある讒言によって伊豆に流された。それが、『続日本紀』天武天皇三年五月二十四日

（六九九年六月三十日）の条に所載の事件である。『続日本紀』には、この人物のイメージに興味深い鮮明さを与える次のような記事が加えられている。「小角《おづぬ》よく鬼神を役使《つか》いて水を汲み、薪を採らしむ。若し命《めい》を用いずばすなわち呪を以ちて之を縛《いまし》む」と（ここに「役」の字が用いられている）。

平安時代初期に小角《おづぬ》の伝説的伝記が形成された。それによれば彼は高僧であって、密教の『大孔雀明王の呪』という強力な真言を使ったとされている。しばしば「不老宮」の住人と言われ、五色の雲に乗って空中を駆け回ったと言うが、これは中国の伝承から吸収された神話的要素を示している。また、いかに山の神たちに命じて、葛城山と吉野の金峯山頂上に橋を架けさせようとしたかということも言い伝えられている。このテーマは、道路や水溝や井戸等の工事を成し遂げた奈良期の有名な行基（六六八—七四九）の業績を想起させずにはおかないものである。

鎌倉時代に、山伏たちがその組織を強化するために宗祖を探した時、ごく自然に葛城山の隠遁修行者が、彼らの「祖」として認められた。吉野の蔵王権現の顕現話に、いかに役の行者が関わっていたかはすでに述べた通りである。

まさに同じくこの鎌倉時代に、最初の役の行者像が現れている（年代の判明しているもので、弘安九年（一二八六）が初見のようである）。そのイコノグラフィはそのまま今日に至るまでほとんど変化がなかった。岩石を背に座し、高下駄を履き、頭巾を被り背に垂らしている。右手に普通は巡礼用の錫杖を、左手には経巻または数珠を持っている（図版6～8）。

彼の前には二人の小鬼が控えているが、それは小角《おづぬ》が粗野な超自然の力を制して文化的に使役することを表象しているもので、それはまた同時に、山における祭儀生活に必須の根本的な二種の作業、すなわち水汲みの儀式（閼伽《あか》の行《ぎょう》）と、小柴を拾い集める作業（小木《こぎ》の行《ぎょう》）をも表現している。この鬼は、前鬼《ぜんき》・後鬼《こうき》と呼ばれ、これは室町時代に与えられた名であるらしい。その他にも呼び名があったが、一般には通用しなかった。役の行者と不動明王の同化は、この二人の小鬼も同じく不動の侍者の矜羯《こんが》羅《ら》童子・制吒迦《せいたか》童子に同化せしめた。それにまた彼らを胎蔵・金剛界両部の大日如来の化身であるともした（『修験道の三尊形式』参考文献参照）。

前鬼は木を切る斧を振り上げ、後鬼は水瓶を持っている。

参考文献

G. Renondeau, *Le Shugendô, Histoire, doctrine et rites des anachorètes dits yamabushi*, Paris, Imprimerie nationale, 1963（« Cahiers de la Société Asiatique » ; XVIII）: pp. 26-33（役行者について）、124-126（儀式に於ける水と薪について）、p. 121.（携帯用箱について）

H. O. Rotermund, *Die Yamabushi : Aspekte ihres Glaubens, Lebens und ihrer sozialen Funktion im japanischen Mittelalter*, Hamburg, Kommissionsverlag Cram, De Gruyter & Co. 1967, pp. 150-151.（水と薪について）

Hartmut O. Rotermund, *Pèlerinage aux neuf sommets, Carnet de route d'un religieux itinérant dans le Japon du XIXe siècle*, Editions du CNRS, 1983, p. 26 et n. 24, p. 378-379.（役行者について）

村山修一「修験三尊」、『大法輪』L、12、一九八三年、一五〇―一五二頁。

奈良国立博物館監修『垂迹美術』角川書店、一九六四年、一二五―一二八頁。

『仏像図彙』IV、一九頁および一四頁ゥ。

4　元三大師

菊竹淳一氏は、日本において仏教版画を護符として用いる習慣は、慈恵大師良源（九一二―九八五）の人柄とその伝説に関連づけられると考えておられる。良源が、俗に「元三大師」の名で呼ばれるのは、大師の入滅が寛和元年（永観三年）正月三日、つまり元三（正月三日）であったゆえである。延暦寺十八世座主で、源信の師に当たり、叡山横川に住み、強力で有効な祈祷で有名であった。良源母の懐胎には、奇瑞の言い伝えがあり、日光が懐中に入った夢を見たという（『慈恵大僧正伝』一〇三一年、大日本史料第一編二十二）。入滅後、元三大師は、他の高僧に類例がないほど、極めて強い俗信の対象となり、その信仰が大衆に広く伝播した。今日においても比叡山に残るその墓には、畏敬と神秘に包まれた独特の雰囲気がある（元三大師には「御廟大師」の別名もある）。

鎌倉時代から、良源の肖像版画を護符として家の門口や柱に貼る習慣が拡がった。菊竹氏によると（『仏画版画』至文堂、五八―五九頁）、その初見は『天台座主記』巻三、承元五年八月二十三日（一二一一年）、「大僧都聖覚に命じて一万体の慈恵大師像を供養せしむ」と記されている。これは叡山の学生と堂衆の間に争いが起こったので、学生が悪魔降伏の祈祷を行うためであったという。ここではそれが印捺であったか摺捺であったかは記されていないが、同じ『天台座主記』巻四、正元元年五月二十六日（一二五九年）の項には、根本中堂において一万体慈恵大師像を摺写したと記されている。『吾妻鏡』巻三十八には「宝治元年三月二日、及び二十八日（一二四七年）将軍家のために不動明王と慈恵大師の像を一万体摺写」するとある。慈恵大師良源と不動明王を結び合わせることは良源が横川に不動像を安置していたこと、また円融天皇の前で不動法を修したことなどによる（『十訓抄』一の二十一など）。また他にも慈恵大師の本体は如意輪観音であったとする伝承もある（例えば『太平記』巻二十五天台法相論之事では「慈恵は如意輪の反化なれば……」とある。また『元三大師縁起』にもあり）。

これらのことから次第に、この聖僧の悪魔降伏、護符的能力に対する信仰が定着していった。『元亨釈書』（一三二二年成立）には次のように記されている。

世に言う、源は日天かと。源（良源）道貌は雄毅なり。自ら鏡を把って写照して曰く、「我が像を置かん所必ず邪魅を避けん」と。茲より模印して天下争い伝え、方今人屋の間架、戸扉の間に黏貼《ねんてふ》すること殆ど遍《あまね》し。

鎌倉時代の末には慈恵大師の護符はすでに各地に伝播していた。室町時代、ことに応仁の乱（一四六七―一四七七）当時は、悪魔降伏の効験で大いに流行した（『仏教版画』六〇頁）。

慈恵大師の護符には三種がある。第一は高座に座し、手に数珠を持った姿で、場合によっては二人の若い侍人（一方は払子を持ち、もう一方は杖を持つ）を従えている（例、埼玉県川越喜多院のお札）（**図版9**）。この肖像は修業僧のように鬚をそらず、長い眉毛が角のように（むしろアンテナのように）生えていて、「角《つの》大師」といわれるタイプで広く流布したものである。『東叡山寛永寺元三大師縁起』に記すところによれば竹林（延暦寺東塔北谷竹林院）の影像は、五采（五色）の内にぬき出し給う、この御まみ毛かま（鎌）の相にて衆魔恐れけるとぞ、さによりこれを「降魔の大師」の御影といひける。

（大日本史料第一編二十二）

角《つの》大師と言われるもう一つのタイプは、痩せた裸の夜叉の形をしており、長い角のアンテナのようなものを生やしている（図版11・12）。上掲『元三大師縁起』下によれば、

永観二年の頃とか（九八四年、良源の病と入滅の前年）、人寝静まり、風雨の激しい或る夜更けのこと、大師は燈の影に怪しい姿を見受けた。何者かと問えば「我はこれ疫病をつかさどる百鬼夜行の首《かしら》に侍り、師今御厄年に当たり給えり、かしこけれど尊体を侵し奉らん」と言う。大師は唯円教意、逆即是順（智者大師の法華文句。法華経によれば逆縁もまた順縁と成り得る）と述べ給い、試しに左の小指を出した。厄神がその指にふれた途端、全身に熱を感じ、堪え難き苦痛に襲われた。大師は心に円融三諦（完全なる教えの三真理、即空・即仮・即中）を観じて指を弾くと疫神は弾き出されて床に転がり、逃げてしまった。大師の痛みは直ちに消えた。一指が僅かの間に病んだだけで、あれ程の痛みであったのに全身を病む人はいかに苦しかろう、さらばその人々の苦しみを救わんと誓われて、朝になって弟子に鏡を持ち来させ、そこに写る姿を描き取るように命じて禪定に入ると、鏡には夜叉の形が現れた（図版10）。それを写させ、誓いて給わく、「此の影像置く所には邪魅来ることなく、疫災を払うだろう」と。それより今日でも万民は家門にそれを貼るようになった。

（大日本史料第一編二十二、東叡山寛永元三大師縁起）

このお札は毎年正月に買い求められた。これは鬼大師といわれる鬼の形をした慈恵大師をまつる天台宗の多くの寺で頒布されている（図版11・12）。

第三番目の慈恵大師の御影札のタイプは、「豆大師」といわれるお札である（図版13）。大師の小さな御影が数多く摺られている（節分の豆まきのように、豆は鬼を追い払う能力と関係があろうか）。この像においてもまた長い眉が特徴となっている。『元三大師御鬮《みくじ》諸鈔』（文化六年、一八〇九年）から引用すると、

元三大師の符には二品がある。一には角大師といって、これは鬼のかたちである。伝えによれば、大師が悪魔降伏の行法を修せられた時、この形に変化して見え給うたという。今一つは普通の大師の像形で其の形小さく、三十三体を一紙に配置したものである。大師は観音の化身であるから観音応化の三十三身を表したものである。或はこの像が小さく豆粒の如くなる故に後に豆大師と名付けられたと言うのは正しくない。実は、魔滅《まめつ》大師と言うのであるとか。

（大日本史料第一編二十二）

（コレージュ・ド・フランス　一九八九年—一九九〇年　講義録　一九九〇年三月十三日）

参考文献

『大日本史料』第一編之二二／東京大学史料編纂所編纂、東京大学、一九八三年。
菊竹淳一「仏教版画」、『日本の美術』二一八号、至文堂、一九八四年。
三井淳生『日本の仏教版画』岩崎美術社、一九八六年。
山田恵諦『元三大師』大津、延暦寺、一九五九年。

5　伝教大師

最澄（七六九―八二二）の諡号《しごう》。有名な中国の修禅僧智顗《ちぎ》によって打ち立てられた中国天台宗の教理と実践を受け継ぎ、またその刷新者として日本天台宗を開創、比叡山にその教学と修禅の場を開いた。最澄の努力でそこに発展した僧院はその没後、延暦寺の寺号を下賜され、幾世紀もの間、日本の宗教・信仰の中心的源となった（**図版14**）。

参考文献

Jean-Noël Robert, *Les doctrines de l'école japonaise Tendai au début du IXe siècle — Gishin et le Hokke-shû gi shû*, Paris, Maisonneuve et Larose, 1990, pp. 17-30 (Bibliothèque de l'Institut des Hautes Etudes Japonaises).

Masaharu Anesaki, *Quelques pages de l'histoire religieuse du Japon*, Conférences faites au Collège de France, Paris, Geuthner, 1921, pp. 29-39 (Annales du musée Guimet, Bibliothèque de vulgarisayion, 43).

『今昔物語集』巻第十一「伝教大師、亘唐伝天台宗帰来語第十」（日本古典文学大系24）; *Histoires qui sont maintenant du passé*, traduction et commentaires par Bernard Frank, Paris, Gallimard, 1968, pp. 101-103 [traduction] et 253 *s* [notes].

東京国立博物館、京都国立博物館、比叡山延暦寺編『比叡山と天台の美術――比叡山開創一二〇〇年記念』東京、朝日新聞社、一九八六年、図版1及び133、二二二頁。

『仏像図彙』V、三頁ゥ。

6　弘法大師

空海（七七四―八三五）。唐に伝えられたインド正純密教の教えを日本に伝え、真言宗教理を樹立し、弘法大師の諡号を下さる。八二三年東寺を賜り、教王護国寺（王に教え、国を護る寺）と名付けた。しかしこの他に空海がとくに修禅の道場としたのは、紀伊高野山の頂にある盆地で、そこに密教の修法にかなった全く新しいプランによる寺院、金剛峰寺を造営した。空海が没したのはこの地である。

伝承では、空海は死没したのではなく、未来仏の弥勒を待って禅定に入っていると言われている。その組織者としての活動の重要さによって、またその著述の深遠と書や詩に示された才能によって、時と共に大師の威光はますます高まっていった。その廟所である高野山奥の院は篤い信仰を集め、生誕地の四国には八十八カ所の巡礼地ができて、その人気は西国三十三番の観音札所にも劣らない。「お大師さん」と敬意と親しみをこめて呼ばれて、ほとんど仏陀と同等に崇められていると言えよう（図版15～18）。

参考文献

Dictionnaire historique du Japon, XIII, Tokyo, Librairie Kinokuniya, 1987, pp.147-148, *s.v. Kūkai* (Publications

de la Maison franco-japonaise).
Herman Bohner, « Kôbô-daishi », *Monumenta Nipponica*, VI, ½, Tokyo, 1943, pp. 266-313（traduction des principales biographies anciennes).
Yoshihiro S. Hakeda, *Kûkai — Major Works, translated, with an Account of his Life and a Study of his Thought*, Columbia University Press, New York et Londres, 1972.
Kûkai, *La Vérité Finale des Trois Enseignements*, traduction et commentaire d'Allan Georges Grapard, Poiesis, Diffusion Payot, Paris, 1985.
Masaharu Anesaki, *Quelques pages de l'histoire religieuse du Japon*, Conférences faites au Collège de France, Paris, Geuthner, 1921, pp. 39-57（Annales du musée Guimet, Bibliothèque de vulgarisation, 43).
『今昔物語集』巻第十一「近衛舎人、弘法大師、始建高野山語第二十五」（日本古典文学大系 24）; *Histoires qui sont maintenant du passé*, traduction et commentaires par Bernard Frank, Paris, Gallimard, 1968, pp. 104-106［traduction］et 260 *s*［notes］.
『弘法大師と密教美術——入定一一五〇年』／京都国立博物館ほか編、東京、朝日新聞社、一九八三—一九八四年、図版1、七四—七六頁。
山本智教『弘法大師空海』講談社、一九七三年、とくに図版1（現在知られている最古の弘法大師像。康勝作、一二三三年制作、東寺所蔵）。
『仏像図彙』V、五頁。

7　興教大師

覚鑁《かくばん》（一〇九五—一一四三）の諡号。傑出した真言宗の僧で、十二世紀初頭、衰退した高野山の復興に大きな役割を果した。しかしその改革の成功そのものが金剛峰寺一部の激しい反発を招き、暴動情況の中で高野山を去った。紀の川の河口に近い根来《ねごろ》寺に退き、そこにおいて真言宗の改革派、新義真言宗を開いた（図版19）。

参考文献

佐和隆研編『密教辞典』京都、法蔵館、一九七五年、八三―八四頁。（覚鑁）

『国史大事典』吉川弘文館、第三巻、一九八三年、一九七―一九八頁。

Dictionnaire historique du Japon, XI, Tokyo, Librairie Kinokuniya, 1985, pp. 58 *s*, *s. v. Kakuhan* (Publications de la Maison franco-japonaise).

Tajima Ryûjun, *Les Deux grands mandalas et la doctrine de l'Esotérisme Shingon*, Tokyo, Maison franco-japonaise, 1959, pp. 29-30 (Bulletin de la Maison franco-japonaise, Nouvelle série, VI).

Bernard Frank, « Vacuité et corps actualisé : le problème de la présence des ‘ Personnages vénérés’ dans leurs images selon la tradition du bouddhisme japonais », *Amour, colère, couleur : Essais sur le bouddhisme au Japon, Paris*, Collège de France — Institut des Hautes Etudes Japonaises, 2000, pp. 3-30.（「空と現身仏——日本の仏教伝統に見る形像の中の崇拝像の存在について」、『日本仏教曼荼羅』仏蘭久淳子訳、藤原書店、二〇〇二年、二〇九―二四〇頁）。

Annuaire du Collège de France, 1987-1988, pp. 610 et 626 ; (rééd.) Bernard Frank, *Dieux et Bouddhas au Japon*, Paris, Editions Odile Jacob, 2000, pp. 277 et 294.

『日本の仏教を築いた人びと——その肖像と書』奈良、奈良国立博物館、一九八一年、七四頁［展覧会カタログ］。

8 法然上人

源空（一一三三―一二一二）。法然房と号したが、伝統的に法然上人の名で知られる。十三歳で比叡山に登り、長年にわたり諸学を学んで道を探し求めていたところ、一一七五年四十三歳の時、善導《ぜんどう》（中国浄土教の大成者）の「ただ一心に阿弥陀の名を念ずるのみ」という言葉を読み確信を得た（図版20）。

それまで天台宗において聖道の中の一道とされていた仏陀への帰依の表現「南無阿弥陀仏」が、この時より法然にとってもっぱらそれのみを修する（専修）ものとなり、他の行は比較的不必要（雑修）とされるようになった。法然はその念仏を絶えず懸命に唱えることを説き、そこから「浄土宗」という宗派が生まれた。そうしていくつかの流派がそこから組織化されて行くが、いずれも法然の没後であったことを指摘しておかねばならない。

今日その最も重要な本山は、知恩院で、その寺の名は「阿弥陀の恩寵を知る」ということを想起させる。

参考文献

Hônen, The Buddhist Saint. His Life and Teaching, ouvrage rédigé sur ordre impérial en l'honneur du 750e an-

niversaire de la fondation de la Secte Jôdo, traduction de Harper Havelock Coates et Ryûgaku Ishizuka, Kyôto, Chi'on-in, 1925.
Masaharu Anesaki, *Quelques pages de l'histoire religieuse du Japon*, Conférences faites au Collège de France, Paris, Geuthner, 1921, pp.59-82 (« Annales du musée Guimet, Bibliothèque de vulgarisation » ; 43).
G. Renondeau, *Le bouddhisme japonais, Textes fondamentaux*, Paris, Albin Michel, 1965, pp.17-20 (traduction du « Serment en une feuille », *Ichimai kishômon*).
Dictionnaire historique du Japon, III, Tokyo, Librairie Kinokuniya, 1975, pp.60-61, *s. v. Chi'on-in* ; VIII, 1982, pp. 87-90, *s. v. Hônen* ; X, 1984, pp. 51-52, *s. v. Jôdo-shû* (Publications de la Maison franco-japonaise).
『日本の仏教を築いた人びと――その肖像と書』奈良、奈良国立博物館、一九八一年、一一二―一一六頁［展覧会カタログ］。
『仏像図彙』V、七頁。

9　親鸞聖人

親鸞（一一七三―一二六二）は、専修念仏を説いて浄土宗を開いた法然上人の弟子で、阿弥陀の本願に身をゆだねるという法然の宗教を極限の結果にまで押し進めた。親鸞によれば、「自力」からは人に役立つ何ものも生じない。すべては「他力」の中に、すなわち全衆生を救おうと誓った阿弥陀如来の本源の願の力にある。「救い」は、単に凡人の普通の生活の中で実ったままの、この阿弥陀の本願力を信じる心からもたらされる。その「信心」によって往生が定まると教えた。そして救いを得るために阿弥陀仏の名を絶えず唱えることも必須ではない。称名はただ感謝を表す意味でしかないのだから、と。このような理由で、親鸞の思想を継ぐ浄土真宗では、天台宗から法然の浄土宗にまでもてはやされた臨終に際する阿弥陀来迎思想も認めない。

浄土宗は長い間、自分の宗から出た思潮が「浄土-真宗」（真の宗）と名乗ることに反対していて、その名を受け入れたのは明治時代になってからである。真宗という言葉は親鸞の説教に依拠していて、それゆえに親鸞が宗祖とされるのが道理だが、教理・組織の上で実際に教団として完成したのは、後の蓮如（一四一五―一四九九）の力によってであった。さらにそれがいくつかの派に分割されたが、その二大中心が東と西の本願寺である（**図版21・22**）。

参考文献

Yamoto Kôshô, *An Introduction to Shin Buddhism*, Ube, The Karinbunko, 1963.

Dennis Gira, *Le sens de la conversion dans l'enseignement de Shinran*, Paris, Maisonneuve et Larose, 1985 (Bibliothèque de l' Institut des Hautes Etudes Japonaises).

Tannishô (recueil des paroles de Shinran), trad. G. Renondeau, d'après une version établie en collaboration avec Ôtani Chôjun, dans *Bouddhisme japonais — Textes fondamentaux*, Paris, Albin Michel, 1965, pp. 21-46.

Ôtani Chôjun, *Pages de Shinran*, Paris, Presses Universitaires de France, 1969 (Bulletin de la Maison franco-japonaise, Nouvelle série, IX, I).

Ôtani Chôjun, *Le problème de la Foi et la Pratique chez Rennyo à travers ses lettres* (Ofumi), Paris, Maisonneuve et Larose, 1991 (Bibliothèque de l' Institut des Hautes Etudes Japonaises).

Shinran Shônin, *L'Hymme de l'Abandon sincère dans la pensée au Bouddha*, adaptation française d'André Chevrier, Berne, Lang, 1975.

『仏像図彙』V、七頁。

10 日蓮上人

日蓮（一二二二─一二八二）は、日蓮宗の開祖で、純粋な法華経の信仰に立ち帰ろうという思想を激情を以って体現した。

伝統的イコノグラフィでは左手に法華経の経巻を持ち、右手に笏を持つ。法華経説法の謹厳な会式の性格を示すものであろう。その激しさのゆえに幾度かの迫害に遭い、それにまつわる逸話も多い（二仏並座、鬼子母神、能勢妙見、日天・月天・三光天子の項を参照）。

参考文献

Masaharu Anesaki, *Nichiren, The Buddhist Prophet*, Cambridge, Harvard University Press;Londres, Humphrey Milford, 1906.

Masaharu Anesaki, *Quelques pages de l'histoire religieuse du Japon*, Conférences faites au Collège de France, Paris, Geuthner, 1921, pp. 87-111（Annales du musée Guimet, Bibliothèque de vulgarisation, 43）.

Gaston Renondeau, « Le "Traité sur l'Etat" de Nichiren », *T'oung Pao*, IX, 1-3,1950, pp. 123-198.

Gaston Renondeau, *La doctrine de Nichiren*, Paris, Presses Universitaires de France, 1953（Publication du

Musée Guimet — Bibliothèque d'études, LVII).
宮崎英修『日蓮とその弟子』毎日新聞社、一九七一年、図版1および3。
『仏像図彙』V、七頁。

11 道元禅師

日本曹洞宗の開祖。一二〇〇—一二五三。代表的著述として『正法眼蔵』がある。釈尊が説いた正しい教法の真髄を蔵するという意図の書である（図版24）。

この他コレクションの高僧部には、次の高僧が含まれている。

明恵上人（一一七三—一二三二）。
無相大師（—一三六〇）、関山悲玄、臨済宗妙心寺開山。
慈眼大師（—一六四三）、天海、東叡山寛永寺を建立。
珂碩上人、浄真寺（東京、九品仏）を創立。
日朝上人（一四二二—一五〇〇）、身延山十一世管主。

解題1　「お札」で編む夢

ジョゼフ・A・キブルツ

　日本の「お札《ふだ》」は、図様が描かれているものと字句だけが書かれている文字札に大きく二分できる(1)。前者はほとんど紙の上に描かれているが、後者のものは木製であることも多い。ベルナール・フランクの興味を引いたのは前者、中でも神仏の図像が描かれているものである。これは、今日民俗学者や版画史の専門家が「絵札」、お寺では「御影札《みえふだ》」あるいは「お姿」と呼ぶものに相当する。そこには、たんなる紙片に多くの場合木版印刷で、聖地の神仏が描かれ、寺社名・功徳などが記載されている。神社には人間の形をした像はきわめてまれであるから、この種のお札は通常、仏教寺院あるいは神仏習合や民間信仰の世界に属する神仏をまつったものである。彫像が三次元で表現するものを、お札は二次元で表現していることになる。さらに、寺院内に安置されている彫像とは異なり、軽い素材による廉価なお札は、その単純で迫力のある図像とあいまって、あらゆる人々の家に居場所を得、描かれた神仏の代替物として拝まれることになる。フランクを魅了してやまなかったのは、まさに絵札の持つこの二重の次元、すなわちその図像学的内容が、仏教寺院の厳格な環境と庶民の信仰世界、洗練された教理体系と一般人の信仰・実践、その両方に同時に関わるという事実である。

フランクは日本に着くと同時にお札の蒐集を開始したと想起している。彼は日仏会館の研究員として一九五四年五月九日に横浜の地を踏んだ。同会館は一九二四年、当時駐日フランス大使であったポール・クローデルが、文化と科学の両面にわたる日仏関係を促進する目的で創立した施設である。彼のメモ[2]に記されているように、この若い研究者は到着の一週間後、フランスの仏教百科事典『法寶義林』(後述)で見た弁才天のお札を求めて、上野の不忍池に向かう。残念ながら原版は第二次世界大戦中に焼失しており、求めるお札は得られなかった。しかしフランクはただちに対岸の清水観音堂を目指して丘を登り、そこでこの自称「ハーンの弟子」はお札を入手し感動する。それは、左に「勝敵の毘沙門」、右に「勝軍地蔵」を侍した「千手観音」のお札であった[3]。

フランクは学生時代に、東洋語学校(École nationale des langues orientales vivantes)で日本語、中国語、サンスクリット語(一九四六—五二)、パリ国立高等研究院(École pratique des hautes études)で宗教学(一九五一—五四)をそれぞれ学んでいるが、その間、古代日本の言語、宗教、文学について研究書を通じた血の通わない知識だけを習得していたわけではなかった。遠く離れた文化に対する彼の情熱、神々とその信仰に対する暖かい思いは、なるほど媒体は本であったにしても実在の魂を源泉としていた。ほかでもない、ある日リセの哲学の教師が彼に、「日本に行きそこに骨を埋め、日本について魅力的な作品を残した、ギリシア人とアイルランド人を両親に持つイギリス人」、と紹介したラフカディオ・

ハーン（一八五〇—一九〇四）である。[4]

日本文化との出会いを思い出しながらフランクは、こうしてリセ最終学年（一九四五年）のとき書店で見つけた当時フランス語に訳されていたハーンの著作十数冊を、三週間ほどですべてむさぼるように読んだと語っている。[5] それはまさしく「一目ぼれ」であり、こうして彼もまたその全人生と仕事を日本研究にささげることになるのである。

この読書がフランクに及ぼした印象は、非常に大きかったに相違ない。というのもフランクがハーンと一体感をもったのは、たんに日本とその文化に対する愛情の面においてだけではなく、流派の偏見にとらわれない宗教信仰そのもの、なかでも民衆の信仰習慣に魅了された点においてだからである。当然ながらフランクは、彼が名前だけでしか知らない日本の神仏について先人が語っていることを、記憶にとどめた。実際ハーンは、観音や地蔵という民衆に最も人気ある諸尊に関連した伝統や、薬師、不動明王、閻魔王、弁天、稲荷、庚申など、その他多数の礼拝尊に触れているのである。

ハーンの著作の中でもおそらく『知られざる日本の面影』を読んでフランクは、まつられている神仏像を配布する寺社があることを知ったのではないか。たしかにその聖地探訪の描写は魅力的で、情熱に満ちたフランク青年は容易に自分がそこにいるかのように想像しながら読んだであろう。彼は上野清水観音堂の最初のお札入手後、先駆者が半世紀前に忘れがたい描写を残している[6]閻魔王のお札がまだあるかどうかと、鎌倉円応寺へと急ぐ。そこではフランクも、ただちに驚くほど簡単に閻魔像を一枚入手する。後年、お札をその技術面から考察するようになった時フランクは、自分の得たお札の描線がきわめて明瞭であることから、ハーンが「粗末な版画」[7]と描写した時代以降、新しい版が作ら

れたと考えている。(8)

この二人が宗教信仰に対する親近感を共有していたのは、二人とも宗教というものに同じように魅惑されていたこと、そして同じ探求、すなわち意味の探求を行っていたからである。この探求は彼ら自身がその心底において巡礼者であったことを示している。二人とも聖地に抵抗しがたく魅了されていたが、それはそこで息づく生活のため、そこで繰り広げられる信仰の篤さと誠実さのためであった。両者の唯一の違いは、ハーンの巡礼が彼の居住地の周辺に限られていたのに対し、フランクの巡礼は原則として列島全体を対象とした、秩序立ったものだったという点である。こうしてフランクが寺社を訪問する際には、そこにまつられている神仏について調査し、足りないお札を蒐集するという決まった目的があったのだが、実はお札そのものだけではなく、そこに付随した祭祀、信仰、伝統と実践が実際にフランクの興味を引いたものであった。そのために、たとえ希少なものであっても、友人や同僚が持ってきたお札には、ただそれを受け取るだけでは満足しなかった。彼自身が個人的に現場に赴き、そこに漂う「雰囲気」に触れること、他の巡礼者と接触を持つこと、住職に質問することなどに、執着したのである。

十九世紀末にお札に興味を抱いたもう一人の有名な人物がいる。当時もっとも優れた日本学者であったバジル・H・チェンバレン（一八五〇―一九三五）である。彼はオックスフォード大学のピット・リバース博物館のために多数のお札を蒐集していたのだが、フランクはこのコレクションのことを耳にしていた。(9) たとえば美術史家秋山光夫は、一九三〇年にこのコレクションを見たことを証言している。(10) ハーンとチェンバレンの関係をテーマにした平川祐弘の『破られた友情』の中でも、このコレクションへの言及がある。[11] そこでフランクも、チェンバレンが同僚のピット・リバース博物館館長だった人類学者エドワード・B・テイラー（一八三二―一九一七）の求めに応じて日本から送ったこの四百枚ほどのコレクションの大部分が、実際にはラフカディオ・ハーンが蒐集したものであるということを知っていたであろうし、それには特別驚かなかったであろう。[12] 当時松江に住んでいた友人ハーンとは対照的に、東京帝国大学の博言学文献学教授チェンバレン自身は、『日本事物誌』の「お札とお守り」と題された章で「民間の慈悲と迷信のアクセサリー」と呼んでいることからも分かるように、お札をあまり評価していなかった。[13] 坂出祥伸は最近、ハーンとチェンバレンの間の書簡を検討しながら、この事実を解明している。[14]

フランクがいかなる時点で、日本人の間で「お札博士」と呼ばれるほど知られている第三の外国人お札蒐集家がいることを知ったかは、確定できない。おそらく一九八二年の四国八十八ケ所巡礼の間、五十三番札所松山の円明寺に大正十年撮影のこの「お札博士」の名前入りの写真が飾られているのを見たときではないかと、推測される。さらに、平幡良雄著『四国八十八ヶ所』[15]を読んで、慶安三年（一六五〇年）作の銅製「納め札」の発見にこの異名が由来することを知ったのではないだろうか。「お札博士」スタールは当時非常にもてはやされ、彼の遍路には多くのジャーナリストや公式関係者が同行した。このような名前が与えられたという自体、日本の文化財の歴史的価値に対する注意を喚起したのが外国人だったという事実を前にしての彼らの驚きと歓迎ぶりを示している。フランクはしかし、この発見に関してスタールが公表した論文を読んでいなかったようである。[16] 読んでいたならば、このお札博士は彼とは違う種類のお札を蒐集していたことを知ったであろう。同時に、推測していた事実、すなわちスタールが納札と絵馬を含む、かなり大量な蒐集を行っているということを確認したであろう。(17) フランクとは異なり、スタールは蒐集の人類学的次元、その社会的実践的側面や蒐集するものの心理にも強い関心を持った。そのために、蒐集家の集まりである納札会に入会し、さらには自作の納札を作成し遍路の際に寺社に納めるほどであった。

驚くべきことは、フランクがコレージュ・ド・フランスの同僚、十六歳年長の著名な人類学者アンドレ・ルロワ＝グーラン（一九一一―一九八六）によるもう一つのお札コレクションの存在を知らなかったことである。フランクは、一九三七年から三九年まで日本で調査を行ったこの人類学者と、日本に関して時々話し合ったに相違ない。ルロワ＝グーランは滞日中にパリの人類学博物館(Musée de l'Homme)などのために「日本における宗教美術の民衆的形態」（これは、お札ではなく絵馬と玩具を扱ったルロワ＝グーランの未完論文の題である(18)）の民俗学的資料として、お札を九百ほど蒐集している。(19)

こういった民俗学資料のコレクションを語るときに通常無視される実際の蒐集方法の側面に、多少焦点を当てるため、蒐集家自身が事態をどのように受け止めていたか、蒐集家自身がかたるところに耳を傾けてみよう。そのためにスタールの有名な絵馬についての論文から引用する。

「私は一九〇四年から絵馬の蒐集を始めた。私のコレクションは現存する最良のものである。そのために、多くの旅行、巡礼、努力が必要だった。どのようにして絵馬を得たか？ 正直に告白すれば、通常私は絵馬を、それがあるところならどこでも端的に「拝借する」のである。しかし、絵馬がまれにしかないような貧しい社寺ではそういうことはしない。しかしまつられている神仏が有名で、その結果豊富に絵馬があるようなところでは、ためらうことがなかった。もちろん住職や寺の者がいる場合には、そうする甲斐があると思われれば、彼らに絵馬を頼んだ。「お札博士」が絵馬を所望していると告げるだけで、十分だった。時々彼らは、山と積んであるところやあまり目に付かないところから取るように示唆した。信者が最近納めたばかりの札が消えているの見つけて気を悪くしないためである」[20]。

しかしハーンとフランクの場合はまったく違っていた。二人にとっては、お札はたんなる蒐集の対象物ではなかった。お札を買うという行為と「志し」の意味を理解していた。このことは、不忍弁天におけるフランク最初のお札入手の試みの中にすでによく現れている。フランクが僧侶に値段を聞くと、「お金は要らないという。それでも私は払うことに固執し、百円渡した。僧侶はそれを受け取ると、私に待つようにいった。戻ってきて五十円のおつりを返し、さらには紅白の菓子の入った箱を私に渡した。お茶菓子である」[21]。

博物館の要請に応じての蒐集であるチェンバレンとルロワ＝グーランの場合は、両者ともたいてい仲介者を、すなわちチェンバレンの場合はハーン、ルロワ＝グーランの場合は古物商を通じて入手した[22]。

一九五七年までの三年間の滞日期間をフランクは、日本人の日常生活、中でも彼がとくに好んだ日本人の信仰生活に親しむことに費やし、そのために重要なものだけではなく辺鄙なところにあるささやかな神社仏閣さえも訪れるべく、列島中を歩き回った[23]。訪日の具体的な目的は、方角に関する禁忌（方忌、方違）の研究だった。当時フランクは、パリ国立高等研究院（l'École pratique des hautes études）で師シャルル・アグノエルの指導のもと、今昔物語集を研究していたが、この説話集の翻訳の過程でまだ誰も手を付けていなかったこのテーマに遭遇したのである。研究成果は一九五八年に『日仏会館学報』の一冊として出版され[24]、内外の学界から称賛を受けることになる。今昔物語集の五八の説話の翻訳は、一〇年後に初めて日の目を見る[25]。

冒頭で述べた上野の不忍弁天の逸話を語りながらフランクは、仏教を学びながら常に脇においていたもうひとつの文章による着想の源泉に言及する。これは、その編集者が、中国・仏教文化における彼の師、著名なポール・ドミエヴィルであるだけに当然のことかもしれない。ほかでもない、『法寶義林――中国・日本の原典にもとづく仏教百科事典』(*Hôbôgirin — Dictionnaire encyclopédique du bouddhisme d'après les sources chinoises et japonaises*)である。同誌は若きフランクが日本に出発した時点では一九三七年発行の第三巻(Cの巻)までしか出ていなかった。フランクは日本に着くやいなや上野の不忍弁天に向かっているが、それはこの事典の第一巻[26]に掲載されているお札を得るためであった[27]。お札が図像資料として使われるような仏教についての著作は、当時『法寶義林』だけであった(おそらくはドミエヴィル自身の考えであろう)。後年、フランスの百科事典 ***Encyclopaedia universalis*** に「日本における仏教パンテオンとその図像」(« Le panthéon bouddhique au Japon et son iconographie »)という論文を寄稿した際には、フランク自身もお札をふんだんに資料として使うことになる[28]。

ドミエヴィルは法寶義林の同じ巻に掲載された(五九頁)もうひとつのお札、円通寺の馬頭観音を所有していた。フランクは、コレージュ・ド・フランスの教授であった同氏の死後、娘のアリエ夫人から形見としてこのお札のオリジナルを受け取る。八〇年代にはフランク自身が御殿場近郊のこの寺を訪ね、かつてと同じお札を見つけて満足することになる。変化していたのは、この菩薩に対する信仰である。もっともフランクは、そこに生活環境の変化のために存在理由がなくなった古い信仰が新しい生活様式・条件へいかに適応するか、その優れた事例を見出す。かつて家畜を利用する農民に拝まれていた馬頭観音は、家畜がトラックやトラクターに取って代わられた後も、騎手やその他競馬関係者の祈願の対象となって、純血種の守護神として再生していたのである。[29] 以上の話は、お札がフランクの人生の中で演じた多様多彩な役割を示す好例だといえるだろう。

フランクはなるほど、祭祀、信仰、民間伝統への関心、宗教に関連した事物・図像の蒐集熱、あるいは蒐集旅行に対する嗜好といった面で、チェンバレン、ルロワ＝グーラン、そして誰よりもハーンと、共通する点を持っていた。しかし、お札そのものが持つ機能、意義に対するフランクの見解は、彼独自のものである。コレクションを一定の方法にしたがって構成された、ひとつのまとまった集成として構想したのは、彼だけである。そして彼だけが、日本人の信仰世界を表象するものとして、「絵札」（「御影札《みえふだ》」）を独立した研究分野と考えた。

「通常一年以上保存されることのないこれらの図像は、〔中略〕非常に痛みやすいものである。原版が木の場合、摩耗や虫食い、あるいは結氷によって、取り返しのつかないほどに消滅するものである。その図像学的な価値は量りしれない」。というのは、一般にそれはお寺の本尊、効能が有名な祭所の尊体の姿などを「かなり正確に再現しているからである」[30]。

フランクにとって、それまで無視されてきたお札は、学問的研究に値する資料であった。彼はそれに、日本における仏教解釈とその現地の伝統との融合についての手に触れることのできる軌跡、庶民の信仰の脆弱で貴重な証言を、彼自身の言葉で言えば、「個人、家庭から職業社会にまたがる日常生活内の信仰の連接を研究しようとする者にとって」[31]、もっとも貴重な素材の一つを、見出していたからである。

すでに見たように、フランクはお札のコレクションを一九五四年から始めてはいるが、それを日本の神仏全体のパンテオンを表象するものとしてとらえるという考えは、彼の日本仏教図像学の研究の進展と平行していた。そして、その構築は彼がコレージュ・ド・フランスに就任したときから、その就任講義で概説したプログラムにしたがって、体系的に始まったのである。最初の年の講義はこうして、仏教パンテオンの概念そのものと、それを構成するさまざまな要素の分析に当てられている。この広大な集まり全体の構築は十数年にわたっており、その間フランクは日本の仏教諸尊に関する図像的データと関連する原典の分析を続けた。中国語、サンスクリット語を知る彼は、文書資料の調査も行う。中でも、『覚禅抄』『阿娑縛抄』『仏像図彙』のような諸尊を類型別階層別に示した図像集を研究する。また直接研究した原資料の中には、日本密教の二大宗派によって伝承された両界曼荼羅と別尊曼荼羅、さらにはいわゆる雑密の一連の図像がある。

次にフランクは、教学仏教の世界から離れて、教説がいかに世俗界の生活に適応しながら変化するかを研究した。この際、とくに絵巻が伝える豊富なイメージ世界を資料として利用する。また、手稿や写本から木版による文章や図像の複製にいたるまでの、歴史的展開を跡付ける。すなわち、現存する希少な実例を使いながら、平安末期の最初の木版印刷から中世にいたる仏教版画の歴史を概観する。しかしこの作業は近代の一歩手前で中断され、江戸以降に関しては一九八八―八九年の講義レジュメでわずかに次のように示唆するにとどまった。「浮世絵時代の絵本や版画における仏教の主題というのは、まだあまり開拓されていない豊かな研究分野であることを指摘しておく。これは将来ふたたび対象とすべき、優れた研究テーマである」[32]。

目的が明確に定まった数々の旅行を通じて、そして時には友人の助けを受けながらお札のコレクションは増大していったが、それを主題とした総合的著作に本格的に取り組む前にフランクは、エミール・ギメ（一八三六―一九一八）が日本から持ち帰った仏像群で、仏教パンテオンを再構成することに年月を費やすことになる。目録作成、分析、描写といった長期にわたる綿密なこの仕事は、一九九一年、ギメ博物館別館新装改築に際してのギメ仏像コレクション展示換えと、その展示物全体を対象としたカタログ ***Le panthéon bouddhique au Japon — Collection d'Emile Guimet***[33] の出版となって実を結んだ。

版画は、仏教やありとあらゆる種類の信仰が世俗界、民衆の間に普及するのに大きく貢献した媒体である。というのも、伝統的な尊容の細部を忠実に再現しながら、大量部数を廉価で発行することができるからである。また、お札は尊容の外見上の複製であるだけではなく、原則としてあらかじめ祈祷されているので、尊体そのものであるということを忘れてはいけない。なぜなら複製はすべて、本質をも複製し、その意味で、原作品の御利益をも同様にもたらすからである。

お札が三次元の図像の二次元版であることから、彫像の例にならい、お札の版画を使って国中の神仏のパンテオン全体を再構成することが可能になる。一つしか存在せず、高価で、大きくて動かしにくい彫像とは異なり、お札はその性質からして、大量に存在し、安価、携帯可能で場所を取らない。

前者が寺社仏閣内、したがって公共空間内にあるのに対して、その場で簡単に獲得できる後者は家庭内に運ばれてそこに置かれ、私的な信仰の対象になる。

したがって、空間的な彫像であれ、平面的なお札であれ、諸尊の表象は理論的に、諸尊それ自体の分類体系と同じ分類体系の中に位置を占める。図像集に見られるような正統的な仏教パンテオンの概念にしたがえば、日本の図像には階層構造として「伝統的に四種類の大きな尊像別（四種部類）がある。仏陀として完璧に到達したものである、如来――いまだ仏陀ではないが、やがて仏陀になることを約束されている、菩薩――仏陀が悪の力を制圧するために取っている忿怒の形相の尊像である、明王――デーヴァやデーヴィーと呼ばれるインドの神々、いわゆる「天」である天部の四種である。この四部に通常さらに、神仏習合の神々である権現と高僧の二部が付け加えられている。なお種々の宗派において、その宗派に特有の礼拝像があったり、またある尊像について宗派独自の像容を持っていることもある[34]」。

フランクのコレクションを構成する多数のお札の中には、およそ八〇種類の尊格の像容があるが、その内容は上記の分類にしたがえば、仏陀四種、菩薩九種、明王六種、（権現を含めた）天が四〇種あまり、高僧・祖師が二〇種余りとなる[35]。これに群像形式のものが加わる。たとえば、如来である阿弥陀と観音と勢至の菩薩からなる善光寺の三尊像、さらには十二神将や四天王がその例である。最初の三つのカテゴリー「仏陀、菩薩、明王」に関して言えば、その中でもっとも多くお札になっているのは、まず抜群に観音菩薩、なかでも千手観音である。次いで、不動明王、地蔵、阿弥陀、薬師、釈迦の順になり、そしておもいがけないことに、大多数の日本人が名前も知らないであろう、虚空蔵菩薩が来る。この菩薩の信仰は、地方によっては強く定着しているものである。「天」のカテゴリーに属するものでは、まず第一に大黒天、次いで弁才天、毘沙門天、妙見、三宝荒神が多い。これに稲荷との神仏習合の形態である稲荷大明神を加える必要がある。そしてもちろん稲荷そのもののお札がある。高僧のお札としては、「お大師さん」と呼ばれる弘法大師が際立っている。(36)

しかしながら、こういった教学仏教の分類に入らず、図像目録において確立されている類型にも属さない、一連のお札がある。すなわち地方の信仰に影響された日本固有の神を描いたお札である。四国八十八所や西国三十三所、さらには坂東、秩父、佐渡島など遍路で収集されたお札が、これに当たる。この場合、お札のコレクションが完璧で、巡拝者がひとつも逃さずすべての霊場を訪れれば、それだけ御利益が大きくなる。ひとつの遍路に対して、弘法大師や観音菩薩とその三十三身など唯一の尊像がまつられていたが、信者や収集家は、「日本の三文殊」や「日本の五弁天」といった特定のいくつかのグループを、遍路あるいはお札の形で完成させる義務があった。

フランクは生涯の四十年をお札の蒐集に費やした。日本全国にまたがる彼の東奔西走ぶりは、日本人信者のあの回国巡礼に似通っている。彼の旅は、本尊がすでに持っている像のヴァリエーションやコレクションに欠けている尊像を持つ社寺の所在に応じて、綿密に計画されたものだった。

「日本に滞在中――総べればほぼ八年の間――私は数え切れないほどの寺、社を廻った。多分二千は越えている。

その多くは仏教寺院であったがもちろん神社も含まれていた。一九七四年に登録された八万の神社、七万五千の寺(これには小さな堂などは含まれていない)を思えば、私の訪れた寺・社は極めてわずかなものであろう。そして日本列島（北海道・沖縄を除く）のほとんどの県に行ったが、私の調査がどこでも均等であったとは言い難い。ある地方では詳しく、他地方では浅かったことを認めざるを得ない。このような不完全なものでは私の研究は一種の「探測」に過ぎないと見られるであろう。お札の内寺・社も多いし、またすでに無くなっている所も多い。（筆者自身で同じ所に数年後に行ってみてその現象を確認した）。そういうわけで、私が集めたこれらの貴重な資料は千枚前後である。この中には、いわゆる「お守り」は含まれていない。「お守り」は図様が非常に小さく、また別の範疇のものである。この千枚余りの中、八百枚ほどが尊像の姿形を表したお札である(37)〔後略〕」。

「〔前略〕お札は充分注目に値する表現言語を持っている。私がここで強調したいのは、仏教パンテオンがどのような形で日本の土地に、習慣に、日本人の感覚の中に根を降ろしているかを、いかにお札が証明しているかということである。私の蒐集はまだ充分とは言えないだろうし、今後もあくことなく集めたいと思っているが、時間と年齢を考えれば、今はこの私の集めたコレクションを出版すべきときであろう。それには解説を加えることが必要で、それ無しでは命のない体のようなものになるだろう(38)」。

しかし運命は、彼にこの望みをかなえさせなかった。それは彼の家族、友人、師を失った弟子たち、我々すべてがこの上なく悔やむところである。東寺が与えた戒名によれば遍照辨成仏蘭久金剛、すなわち「宇宙を照らす金剛ベルナール・フランク」は、お札のパンテオンをそれ自身の無限に委ねたまま、上記引用を記した数年後に人間界を去るのである。

（フランス国立科学研究センター（ＣＮＲＳ）助教授／訳・馬場郁）

注

（1）畠山豊は座談会「日本護符文化について」（『神道文化』第一四号、二〇〇三年、五頁）において、熊谷清司（版画研究者・蒐集家）による内容に応じた七種類への分類を、説明のために採用している。仏教教理に基づくベルナール・フランクの分類については、下記参照。

（2）フランクが日本到着とほとんど同時に付け始めた手書きのメモ。五月十一日朝、東京目黒の東光寺訪問の記述から始まる。この寺が日本における聖地巡礼の出発点ということになる。

（3）「「お札」考」、ベルナール・フランク『日本仏教曼荼羅』仏蘭久淳子訳、藤原書店、二〇〇二年、三一一—三一二頁、図版1、3。

（4）« Coup de foudre », *Traverses* 38/39 « Japon Fiction », Paris : Centre national d'art et de culture Georges Pompidou, 1986, p. 48 におけるフランク自身の回想。

（5）Ibid. p. 49.

（6）Lafcadio Hearn, *Voyage au Pays des Dieux — Fêtes religieuses et coutumes japonaises*. Traduit par Marc Logé, Paris : Mercure de France, 1933, p. 159-160. 原典は *Glimpses of Unfamiliar Japan*, Boston : Houghton & Mifflin, 1894, 2 vol の « A Pilgrimage to Enoshima » と題された章。フランス語訳ではこの本が数冊の別々の本に分割出版されている。邦訳たとえば「江ノ島巡礼」、『知られぬ日本の面影』小泉八雲全集第三巻（第一書房、一九二九年）、一〇七—一〇八頁、「江ノ島行脚」、『日本瞥見記』上（恒文社、一九七五年）、一一四—一一五頁など。

（7）上記（注6）仏訳は、ハーンの « rude woodcut » という表現を « petite gravure » ときわめてあいまいに訳している。

（8）「「お札」考」三一三—三一四頁。

（9）「「お札」考」三〇九頁。

（10）『国語と国文学』チェンバレン記念号、一九三〇年。

（11）平川祐弘『破られた友情——ハーンとチェンバレンの日本理解』新潮社、一九八七年、二二一頁。

（12）次の論文を参照。Josef Kyburz « Le charme japonais en Europe — Trois collections »「ヨーロッパに来ている日本のお札——その三つのコレクション」、『国史学』一八七号、二〇〇六年、八—一八頁。
（13）『日本事物誌1』高梨健吉訳、平凡社、東洋文庫一三一、一九六九年、一一一頁参照。
（14）坂出祥伸「明治の〈おふだ〉と、あるイギリス人——オックスフォードのチェンバレン・コレクション（上）（下）」、『大法輪』、二〇〇四年、九、十月号参照。
（15）一九七一年、銚子、札所研究会刊。とくに二九七頁。
（16）中でも絵馬に関する論文 Frederick Starr, « Ema », *Transactions of the Asiatic Society of Japan*, vol. XLVIII, 1920, p. 1-22 + 25 ill.
（17）残念ながら筆者は、このコレクションが現存するか、するとすればどこかということを確認していない。
（18）André Leroi-Gourhan, *Pages oubliées sur le Japon* — recueil posthume établi par Jean-François Lesbre. Grenoble, Million, 2004, pp. 283-377 参照。
（19）今日大部分がジュネーブ市の民族学博物館に保存されている。
（20）前掲論文（注16）、p. 11.
（21）上記（注2）のメモからの引用。
（22）Josef Kyburz 上掲論文（注12）一七頁。
（23）Jacques Gernet, « Notice sur la vie et les travaux de Bernard Frank, Membre de l'Académie », *Séance du 11 octobre 2002, de l'Académie des Inscriptions et Belles-Lettres, Institut de France.* Paris : Institut de France, 2002, p. 5 *passim*. 参照。
（24）*Kata-imi et kata-tagae, étude sur les interdits de direction à l'époque Heian* (Bulletin de la Maison franco-japonaise Nouvelle Série V, 2-4), 1958. 一九八九年に邦訳『方忌みと方違え——平安時代の方角禁忌に関する研究』斉藤広信訳（岩波書店）が出版された。
（25）*Histoires qui sont maintenant du passé* (Konjaku monogatari shû). Traduction, Préface et Commentaires de Bernard Frank. Paris : Gallimard, 1968.
（26）Premier Fascicule : A—BOMBAI. Tokyo : Maison franco-japonaise, 1929, p. 64.

(27)「「お札」考」三一〇頁。

(28) *Encyclopaedia universalis*, Atlas des religions, 1988, pp. 178-180.

(29)「「お札」考」三一〇―三一一頁。

(30) フランクのコレージュ・ド・フランス「日本文明講座」開講講義（Leçon inaugurale, p. 26）からの引用。

(31) *Loc. cit.*

(32) Cf. Bernard Frank, *Dieux et bouddhas au Japon*, Paris : Odile Jacob, 2000, p. 324.

(33) Paris, Réunion des musées nationaux, 1991. 展覧会はこれに先立ち一九八九年に池袋の西武百貨店と尼崎の「つかしんホール」において『甦るパリ万博と立体マンダラ展――エミル・ギメが見た日本のほとけ信仰』の題で開催され、同名のカタログが出版された（西武百貨店、一九八九年）。

(34)「「お札」考」三三四頁。

(35) 同上、三三四―三三五頁。

(36) 同上、三三五頁。

(37) 同上、三三二―三三三頁。

(38) 同上、三三五頁。

解題2　フランク・コレクションの調査

千々和到

パリのコレージュ・ド・フランスに日本のお札《ふだ》がたくさん保管されている、という話は、きっと知っている人は知っていたことだったのだろうが、少なくとも私は、その日まで知らなかった。

二〇〇二年の六月一六日、ある研究会で東京大学史料編纂所の菊地大樹氏と同席したが、彼がその翌々日からパリに調査で行くという。何しに行くの、と尋ねると、何でもコレージュ・ド・フランスにベルナール・フランク氏が日本で収集したお札が大量に保管されていて、それを調べるのだとのことだった。私は、ふーん、いいね、日本史の研究者でもフランスに調査に行くような時代になったんだ、と言ったように思う。そして、ふっと「その中に牛玉宝印はあるのかな」とお聞きしてみた。答えは、「さあ、近代のものが多いと聞きましたが、あるかもしれませんね」というようなことで、うれしいことに、本気か冗談か、「千々和さんは、パスポートをお持ちですよね。それなら、一緒に行きませんか」と誘ってくださった。「いや、それは無理でしょう」というのが、私からの返事だった。

なぜ牛玉宝印のことを聞いたかといえば、勤務している國學院大學にはかなりの数の牛玉宝印というお札（護符）が保存されていて、私は以前からそれを核として全国に散在している牛玉宝印を調査してみたいと考えていて、その年の秋の科学研究費の募集の時に、牛玉宝印の収集を軸にしたプロジェクトを申請してみようかなと秘かに思っていたからだった。

日本中世のお札といえば、牛玉宝印である。なぜかといえば、お札は寺社から授与されたものが、年があらたまると「おたきあげ」で焼かれてしまうことが多い。だから普通には残されないのである。ところが牛玉宝印に限っては、ひととひととが誓約するときに作られる「起請文」という文書の料紙に用いられることがあり、そうすると「起請文」が残されるのに伴って現代まで残ってしまうことになる。こうして現在残されている牛玉宝印は、一番古いものは文永三（一二六六）年の「（東大寺）二月堂牛玉宝印」と「那智滝宝印」なのである。牛玉宝印が、ひととひととの誓約の時に、どういう役割を期待されていたのか、私はそれを考えることから中世の人々の心性を探ってみたいとずっと考えていたので、そうしたプロジェクトを何人かの研究者と始めてみたいと思っていたわけである。だから、「お札」のコレクション、と聞けば、即座に「牛玉宝印はあるの？」という質問になったというわけである。

この年の東京大学史料編纂所の調査は、二〇〇二年六月一八日から二六日にかけて、遠藤基郎・菊地大樹・松澤克行の三氏によって実施された。遠藤氏は東大寺文書の調査研究にあたっておられ、菊地氏は中世仏教史の研究者、松澤氏は近世史の、いずれも中堅・新進の気鋭の研究者ばかりである。

このときの調査で、フランク・コレクションの概況が把握された。資料は阿弥陀如来・薬師如来・不動明王などと像主毎に分類され、段ボール紙の文書箱に収められていることが確認された。そして、ひとつずつ拝見したところ、ほぼ総点数は八〇〇点を越えると考えられた。お札の発行された時代は、近世・近代・現代にわたるが、ほとんどはフランク氏が蒐集した時点のもの、つまり現代のものであった。当然ながら、状態は良好である。ただひとつ残念なことに、蒐集記録が十分でなく、どの寺院・神社で発行されたお札か不明なものが少なからずありそうだということになった。またそれらのお札の多くは、一点ずつフランク氏の調査のときに作られた窓をあけた白いマットに挟まれ、それをケント紙で包んだ状態で保存されていることがわかった。ただ、一点ごとの目録はまだ作られておらず、未整理の資料もかなりあって、全貌を知ることはとてもできなかった。そこで、とりあえず主要なものをデジタルカメラで撮影することとして、一五〇点ほどのお札を撮影して帰国した。

ところで、なぜ史料編纂所がこのお札の調査をはじめたのかといえば、それもかなり偶然のきっかけによるものだった。当時、史料編纂所は「前近代日本の史料遺産プロジェクト」(略称JMP)を推進中だった。このプロジェクトは文部科学省の中核的研究拠点形成プログラム(いわゆるCOEプログラム)のひとつで、これは海外と国内にある明治時代以前の日本に関する史料を総合的に調査・収集して情報資源化しようという巨大なプロジェクトだった。その代表者であり前所長でもあった石上英一氏がたまたま別件でコレージュ・ド・フランス日本学高等研究所長の松崎碩子氏を訪問したところ、部屋の棚にある段ボール箱に書かれた「元三大師」という文字に目がとまった。石上氏は、『大日本史料』の平安時代の部門で史料を調査・研究する担当者で、さまざまな伝説に彩られた元三大師(比叡山の慈恵大師良源）の伝記編纂を手がけたことがあったので、それに関心をいだいて箱の中身を見せてもらったのだという。その内容の興味深さから、帰国後、ＪＭＰの事業の一環として、このお札の調査に取り組むことができないかの検討がはじめられ、その結果、遠藤・菊地・松澤氏らの調査が実現したわけである。

私は、遠藤氏らの帰国後、「牛玉宝印もありましたよ」という話を聞いて、九月にはいってから史料編纂所を訪ね、遠藤氏に六月の調査データを見せていただいた。それまでに見たことのあったお札ももちろんあったが、初めて見るお札も、たくさんあった。一言でいえば、びっくりしたし、日本でほとんど顧みられないこれらのお札に注目してくれた外国人研究者の存在を知り、とても感動したというのが正直なところであった。日本中のお札を長い年月をかけてあつめたというベルナール・フランク氏については、もちろんその前にもお名前を聞いたことはあったが、何せ不勉強のため、きちんとした知識は持ち合わせていなかった。そこで早速その年の初夏に出版されたばかりの『日本仏教曼荼羅』（藤原書店、二〇〇二年）を買い求め、それを読んでみた。『日本仏教曼荼羅』は、お札を主要な資料として、そのお札にまつわる伝説などにも注意をはらい、日本の仏教を正統教義と民衆的解釈の二重の見地から読み解こうとした画期的で注目できる仕事であると思った。そして、このフランク氏のコレクションを、ぜひ一度拝見したいものだと考えるようになった。

ちょうどその翌月のこと、今度は私の所属している國學院大學が応募した「神道と日本文化の国学的研究発信の拠点形成」が文部科学省の二一世紀ＣＯＥプログラムに幸いにして採択されることが決まったのである。このプログラムの中で、私は「起請文の調査研究」を担当することになっていた。そのプロジェクトと連動させることはできないか検討し、お札は日本人の神観念や神仏関係の変遷を具体的に考える上で貴重な資料であろうという考えに達した。神社の関係資料はどうやら多くはないが、神仏分離以前の日本ではむしろ神仏習合があたりまえであったのであり、残されたお札には、そうした痕跡が色濃く残されているのではないか、と想像されたのである。そこで早速石上氏のご紹介を得て、コレージュ・ド・フランスの松崎碩子氏に連絡をとり、別の用件で来日された氏に遠藤氏とともにお会いして、私の考えを聞いていただいた。二〇〇二年一二月のことである。

このお札の管理と将来の活用のあり方についてコレージュ・ド・フランス側がどのような方針でおられるのか、史料編纂所がどのように調査を進めて行かれるつもりなのか、そして私たちのグループがその調査にどのような協力ができ、また何を目指しているのか、時間は短かったし、初対面だったのに、ずいぶん率直にいろいろなお話ができたと思う。そして翌年の九月、史料編纂所のグループと國學院大學のグループとは、同じ期間に協力しつつ調査を実施することになったのである。

調査開始を前にして、日本側の二つのグループの間で調査作業の無駄や重複がないように、綿密な打ち合わせが行われた。まず、史料編纂所側からは、資料収集を第一に考えてお札のすべてをデジタルカメラで撮影したいという希望が示された。また國學院大學側からは、神仏関係のとてもよい資料であることから、写真だけではなく実物を検討しつつ調書を取って様々な情報を記録したいという希望が示された。この打ち合わせにもとづいて、その後二回にわたる調査が実施された。

二〇〇三年の調査は、九月一八日から二六日までの日程で実施された。また参加者の顔ぶれは、次の通りだった。

まず東京大学史料編纂所からは、遠藤基郎・菊地大樹の両氏、そして國學院大學からは　修験研究の泰斗である宮家準氏、中世史研究者の太田直之氏と私、そして、科学研究費のプロジェクト「護符の文化的・社会的意味に関する基礎的研究」のグループからも、畠山豊（民俗学、町田市立博物館）・嶋津宣史（神道史、神社本庁）の両氏と、さらにギリシアとオックスフォード大学の調査に赴いた帰路に立ち寄ってくれた古山正人氏（國學院大學、西洋史）が参加してくれた。

そして引き続いて二〇〇四年の調査は、九月一三日～一九日までの日程で実施された。このときの調査には、東京大学史料編纂所からは遠藤基郎・菊地大樹・松澤克行の三氏、國學院大學からは太田直之・森悟朗（修験・神社史研究者）の両氏と私、また「護符の文化的・社会的意味に関する基礎的研究」のグループから嶋津宣史氏が参加した。

こうして二度にわたる調査で、ほぼ全てのお札の写真がデジタル画像とネガカラーで得られた。調書の方は、中途から撮影を優先せざるを得ず、完了はしなかったが、七割ほどの分が作成された。そして二〇〇五年の一一月三日から五日にかけて、補足の調査作業のために國學院大學から太田直之・平藤喜久子（神話学研究者）両氏と私とがコレージュ・ド・フランスに赴いた。このときは、前の調査でうまく撮影できなかった資料の再撮影と、フランク家で新たに見出された新資料の調査、そしてケント紙による包装ができていない一部の未整理資料の保存のため、それらを中性紙の整理袋に収容する作業などが任務だった。これによって、一応調査を完了することができた。

このように、この調査には本当に様々な分野・所属・専攻の研究者が参加してくれた。とくに二〇〇三年の調査に宮家準氏が参加してくれたことは大きかった。氏は修験道関係のお札を中心に検討され、精力的に調書を記入してくれた。また、日・仏の研究者によるミニシンポジウムを開催しましょう、という提案を調査開始の頃に突然なさったのも、宮家氏だった。えっ、ミニシンポジウム？と目を白黒させる私に、「そうです。日本側が何を目指しているのか、フランス側がどう考えておられるのかを、率直に意見交換するんです。最終日の午後がいいんじゃないですか」。なるほど。それはいいかもしれない。私も賛成し、フランス側の賛同も得て、開催が決まったのである。

かくて二〇〇三年九月二五日（木）、コレージュ・ド・フランス日本学高等研究所の一室でミニシンポジウムが開催された。シンポジウム参加者は、フランス側からは松崎碩子（Sekiko Matsuzaki-Petitmengin コレージュ・ド・フランス日本学高等研究所長）、ジョゼフ・A・キブルツ（Josef A. Kyburz フランス国立科学研究センター）、ハルトムート・O・ロータモント（Hartmut O. Rotermund フランス国立高等研究院宗教学部教授）、ジャン＝ノエル・ロベール（Jean-Noël Robert フランス国立高等研究院宗教学部教授）、ジャン＝ピエール・ベルトン（Jean-Pierre Berthon フランス社会科学高等学院日本研究所助教授）の五氏、日本側からは調査参加者の宮家、遠藤、菊地、畠山、嶋津、太田と私の七人だった。

シンポジウムでは、まず冒頭、千々和より今回の調査全体の意義についての説明をし、次に護符全体の数が約千点にのぼると推計でき、うち四〇〇点近い資料について調書を作成したことなど具体的成果についての説明をした。次に宮家氏から、日本の研究者が注目しなかった時代に、これだけのコレクションが外国人研究者によって形成された意義、フランク氏の『日本仏教曼荼羅』の独創性等についての評価が披露された。またオックスフォード大学のピット・リバース博物館のチェンバレン・コレクションやジュネーブ市立民族学博物館にも同種の日本の護符のコレクションが存在することが今回の調査期間中の調査の中で明らかになったことは、日本の護符研究にとって意義深いと指摘した。そして今後、そうしたコレクションを比較することで、特徴に違いがあるかどうかを確認する必要があると述べた。

それらを受けてフランス側から、この護符コレクションはフランク氏が江戸時代の『仏像図彙』に基づいて整理しようとしていたので、ほぼそれによりたいこと、また詳細に調べることにより、できるだけ「その他」(事実上の像名不詳)に分類されている資料を無くしたい、との意見が述べられ、それに対する評価が尋ねられた。さらにフランス側でこの護符について整理するにあたっての助言が求められた。

これに答えて日本側から、『仏像図彙』に基づく整理方針には異論がないこと、またこの護符を詳細に調べるためには、発行寺社の所在地の調査が必須であり、それは日本の研究者の護符調査の成果を利用してもらえるだろうということ、そして私たちとしては、発行寺社の所在地が明らかになった護符については、できれば現地調査を並行して行いたいと考えていることなどが発言された。

また、畠山氏は、調査が一定程度進んだ段階で、このコレクションを日本で展示することも良いのではないかと具体的に提案し、フランス側も、この提案に賛同して下さった。

このミニシンポジウムで、フランス側と日本の研究者のグループが今後もそれぞれ独自の研究テーマを追求しつつも、できるだけ情報の共有などの面での協力を深め、調査を実りあるものにしていこうということが確認されたのである。

そしてその後、二〇〇四年一二月五日には、國學院大學二一世紀COEプログラムと国史学会との共催でシンポジウム「護符・牛玉宝印研究の現状と課題」が開催され、パネラー・コメンテーターにジョゼフ・A・キブルツ、松崎碩子、宮家準、稲城信子、遠藤基郎、畠山豊ほかの各氏をお招きして実りある議論が展開され（「特集　護符・牛玉宝印研究の現状と課題」『国史学』一八七号、二〇〇六年）、また二〇〇六年秋には、フランク・コレクションをテーマにした企画展が畠山豊氏の担当で町田市立博物館で開催されることも決まった。お札に関する日仏の共同研究は、着実に進んでいるというべきであろう。


ところで、現地での調書の作成にあたっては、角川書店の『日本地名大辞典』のCD-ROMがとても役に立った。二八万円もする値段に、買うべきかどうか躊躇したが、幸い史学科の予算で購入してもらえたので、それを調査に持参することにした。「全文検索」で寺社名や県名などを入力すると、お札に書かれた地名・寺社名に該当するものが次々に出てくる。ヒットした記事を丹念に読み、そしてこれかあれかと候補を絞って、それから今度は『日本寺院総覧』を繰って本尊などの情報を得る。こうして一応の発行寺社名を記入する。こうした手順で調書作りが進んで行く。

もちろん、こうした作業では不明なものも多い。また、調書に間違って記入した寺社名も多いだろう。それらは、帰国後にさまざまな方法で調べることになるのだが、これはなかなか大変な作業となる。

そうした作業の中で、私はとても楽しい経験をした。

小さな紙に写真が印刷された阿弥陀如来座像のお札である。像の下に「國寶阿彌陀如來御影」と小さく書かれている。右からの横書きであり、「國寶」などの字が旧字体であることからすると、戦前か戦後早くに印刷されたものと思われる。そして、「行基山伏見寺」とペン書きされていた。早速『日本地名大辞典』のCD－ROMのお世話になる。「行基」と「伏見寺」をキーワードにして検索をかけると、該当しそうなお寺が二つあった。一つは奈良県御所市の伏見郷の「菩提寺」という寺である。ここには「菩提寺は伏見寺とも称し、開山を行基と伝える。戦国期には修験霊場として繁栄し、当山方大峰大先達衆の一寺であった」と記されている。なるほど、修験の寺か。もう一つは、石川県金沢市寺町の「伏見寺」という。こちらは項目がたっていて、「真言宗高野山派。山号は行基山。本尊は阿弥陀如来。開山は行基といわれ、天平年間の草創と伝える。寺地はかつて金沢市の南郊山科町にあったが、荒れるに任せ、中絶した。元和年間に快存が出て、新たに現在地に寺地を得て再興した(寺社由来)。芋掘り藤五郎にゆかりの寺院で、境内には藤五郎の墓と伝えるものがある。寺宝に平安期の銅造阿弥陀如来座像(国重文)がある」と記されている。どちらも行基に由来し、伏見寺という。戦前の国宝は戦後重要文化財に再指定されたものが多いから、重要文化財の阿弥陀如来があるということでどうやら金沢市のお寺のほうが可能性が高そうだが、ちょっと決めがたい。

ところが翌日の調査で、「高僧」の箱から、夫婦を描いたお札が出てきた(本書では「権現部」に分類)。そしてその男性像には、「芋掘藤五郎」という名前が記されているではないか。まさにこれだ。フランク氏は、金沢市を訪ねて阿弥陀如来のお札と「芋掘り藤五郎」のお札を授与されたに相違あるまい

（第五章図版31）。しかし、「芋掘り藤五郎」とは、いったい誰なのだろう。

偶然、帰国直後に金沢市で私の参加する学会が開かれることになっていた。私は秘かに、「よし、そのときにぜひそのお寺を訪ねよう」と心に決めた。

帰国から数日して、金沢市での学会の二日目、私は会場を抜け出して伏見寺を訪ねた。古い畳敷きの本堂の扉が開いている。僅かな拝観料で宝物の説明をして下さると書かれていて、先客が説明を受けている。若い女の方に拝観料をお渡しし、じつはこれこれの事情で参りましたが、お札の版木はありませんか、とぶしつけにお尋ねしてみた。その方は困惑した顔で、ちょっとお待ち下さい、もう少しすると母がお相手いたしますから、とおっしゃる。先客への説明が一段落して、年配の女性が応対して下さった。「このお寺で、こういうお札を出しておられませんでしたか？　そのお札が、今フランスにあるんです」と写真をお見せした。「フランク先生という方が、日本中のお札を集めて、フランスに持って行かれていて、そのコレクションの中に、お宅のお札があるんですよ」とお話しした。その婦人は先々代の住職の娘さんで、「父の頃に、そのようなお札を出していたように思います。でも、版木は、さあ、記憶がないですねえ」と困った顔をされる。そのうち若いご住職がお帰りになった。私の話に大変興味を持たれて、「お義母さん、ありますか？」と聞いてくれた。「もしかするとあそこかな」とご住職に「芋掘り藤五郎」の木像のはいった厨子を見てごらん、と指示された。「ああ、これかな」と黒い板を出して下さった。まさに、それが「芋掘り藤五郎」の版木だった。

版木の拓本を取ることをお許し下さり、さらに残っていた阿弥陀如来のお札まで下さった。そして

『金沢の口頭伝承　補遺編』の「伏見寺縁起」該当部分のコピーを下さり、藤五郎伝説のあらましをお話して下さった。

かいつまんでいえば、伝説は次のような話だという。大和の長谷寺に祈願して一人娘を授かった長者が、年頃になった娘が嫁ぐべき相手を観音のお告げで藤五郎と決めて加賀までやってきた。見れば大変貧しい男だが、お告げゆえ、娘をおいて帰った。その後長者は黄金の袋を送ったが、藤五郎はこれを投げ捨ててしまった。まったく欲のない男である。さすがに娘は、なんでそんなことを、と嘆いたが、藤五郎は、あんな黄金、自分が芋掘りをするときにいつも出てくるよ、といって砂金を掘り出して見せた。この砂金を洗った沢を金洗沢といい、それを略して金沢というとあるので、いわば金沢の地名発祥の伝承でもあるのだが、そうして得た黄金で仏を作り、寺を建て、行基を開山として村人の尊敬を集めたということである。

フランク氏もこうしたお話をお聞きになったのだろうか。いくつものお札にまつわる伝承などがた文献の中には見えていないように思う。だが、お札というものが、寺社が民衆の中に信仰を広げて『日本仏教曼荼羅』の「お札考」には収められているが、この話は今のところフランク氏が発表されいくための最良の道具だったとするならば、フランク氏が収集し、残されたお札をていねいに調査していけば、まだまだこうした在地の伝承を背景にもったお札は、ほかにいくつもあるに違いないと思う。そうした調査の方法は、まさにフランク氏の研究を追体験し、発展させていくことになるのではないかな、と私は考えている。

（國學院大學教授）

訳者あとがき

お札《ふだ》というのは庶民の信仰の証しである。人々の信仰のない所にはお札は存在しない。本尊のお姿を描き現したこの木版画は単なる神仏の肖像版画ではなく、祈祷されていて、本尊の代替ともなるべきものであった。しかし単純素朴な表現のこの崇拝対象は、その広い流布にもかかわらず、あまり重要視されてこなかった。

一九五〇年代に一学徒として日本に着いたベルナール・フランクは、この簡易で素朴なお札に、シャカムニの仏教を始めとする仏教の諸相は勿論のこと、インドの古い信仰や、中国の思想も反映し、さらに日本の自然信仰、とくに人々の切実な願いが象徴されているのを見て感動した。そこに、フランクがその前に師事したインド学者ルイ・ルヌー、中国学者ポール・ドミエヴィル、日本学者で厳格な文献学者シャルル・アグノエル諸教授の影響があったのは勿論である。

彼はこのお札をできるだけ多く集めれば、二十世紀後半まで日本の各地で実際に信仰されてきた諸尊の肖像集成ができるのではないかと考えた。その集成には仏典の説くところは勿論ながら、それ以前のインドの源泉にさかのぼり、更に日本の民衆の視野にまで至る総合的な解説を書きたいと考えていた。こうして日本の各地を、北は青森から南は鹿児島まで、時間の許す限り精力的に歩き廻り、住職や参詣者と語り合い、その雰囲気にふれ、お札を買って帰った。お札に象徴されている霊験譚や縁起物語の栞類も一緒に集めた。そういうものも一尊格の全体を形成するイメージの重要な要素になっていると考えたからである。

出版を目的にしていたこの『お札による日本仏教パンテオン解説』は、しかし実現できずにフランクは故人となったが、四十年に及ぶ探訪に情熱をかけ、寺社廻りが彼にとって至福の時であったと付け加えておきたい。今、千枚余のお札がコレージュ・ド・フランス日本学高等研究所に残され、学問は無限であり、人の命は限りあることを訳者は痛感している。

フランクの没後、徐々にこのコレクションの整理・調査が始められた。それには日本からの重要な御協力があったことは、千々和到教授が「**解題2**」に詳しくお書き下さった通りである。とくに、その時に撮影された写真は本著の図版の元となっている。この調査に参加下さった方々に厚くお礼を申し上げたい。また、このコレクションに伴う多くの文献の整理やコンピューター入力などの作業に、東芝国際交流財団の貴重な御協力があったこともここに明記し、お礼申し上げる。


さて、この度藤原書店から『「お札」にみる日本仏教』が上梓されることになったのは、親しくベルナール・フランクの生涯を知った者たちにとってまことに嬉しいことである。所収の図版は千枚を超える「ベルナール・フランクお札コレクション」の中から二百枚余を各尊にわたり、またできるだけ各地に及んで選んだ。文はフランクが生前、フランス国立東洋美術館のギメコレクションのために書いた諸尊の解説文を抄訳した。これは、各々の御影札そのものを対象として書かれていないので、お札集成には物足りないことが非常に残念だが、次の世代が残された資料を使ってより充実した大成を作り上げて下さることを期待したい。本著はこのように不完全なものであるが、前著『日本仏教曼荼羅』（藤原書店、二〇〇二年）の数章に提示された方法論を、日本の民衆が信仰した礼拝尊のほとんどに拡げて説明を試みたものである。

翻訳に当って、これは前著においても同様であったが、表記文字が統一されていないことを批判されるかもしれない。例えばŚākya-muniを、シャカムニまたは釈迦牟尼と書いたり、Buddhaが、ブッダであったり仏陀であったりすることである。どちらと決定することに無理があるように感じるので混乱のまま残した。訳者には判定できない問題である。また高僧部はあまりにも有名な歴史的人物なので解説は無用ではないかと思い省略した。

本著の編纂は、コレージュ・ド・フランス日本学高等研究所所長松崎碩子氏、国立科学研究センター助教授ジョゼフ・A・キブルツ氏および仏蘭久淳子が担当した。松崎氏は当コレクションの保存・調査などの全てにわたっても中心となって献身的に推進して下さったが、その誠実さに頭の下がる思いであった。また、キブルツ氏もこのコレクションのフランスにおける調査グループの中心となって、分類、調査に努力して下さった。若い世代のアルノー・ブロトンス、ジャン＝ミッシェル・ビュテル、イヴ・カドー各氏の協力も忘れることができない。古賀敦子氏には訳者の原稿のコンピューター入力でお世話になった。尚、翻訳に際して、ジャン＝ノエル・ロベール教授から度々貴重な意見をお聞きし、終にはサンスクリット語の校正などもお願いした。諸氏に心からお礼を申し上げる次第である。

終りに、本著の出版を決断して下さった藤原良雄社長に深い敬意と謝意を捧げるとともに、精密に編集を担当して下さった西泰志氏にもここで厚くお礼を申し上げる。

二〇〇六年八月

仏蘭久淳子

第六章　高僧部

第五章　権現部

第四章　天　部

第三章　明王部

第二章　菩薩部

図版一覧

第一章　如来部（仏部）

著者紹介

Bernard FRANK（ベルナール・フランク）

1927年パリ生まれ。パリ大学法学部卒業、国立東洋語学校・ソルボンヌ大学文学部において日本語・中国語・サンスクリットを学ぶ。国立科学研究センター研究員、国立高等研究院教授、パリ第7大学教授を経て、1979年よりコレージュ・ド・フランスの初代日本学講座の教授。1972-74年日仏会館フランス学長を務める。1996年逝去。フランス学士院会員、日本学士院客員会員。主な著書として、*Kata-imi et kata-tagae*, BMFJ, Nouvelle Série, t.V. No. 2-4, 初版, Collège de France, Institut des Hautes Études Japonaises. 1998, 増補再版.（邦訳『方忌みと方違え』岩波書店, 1989）; *Histoires qui sont maintenant du passé, Introduction, traduction et commentaires*, Collection UNESCO, « Connaissance de l'Orient », Paris, Gallimard, 1968（『訳注 今昔物語集』）; *Le Panthéon bouddhique au Japon,Collection d'Émile Guimet*, Paris, Réunion des Musées nationaux. 1991（『日本仏教パンテオンとギメコレクション』）；『風流と鬼』, 平凡社, 1998; *Dieux et Bouddhas au Japon*, Odile Jacob, Paris, 2000; *Amour, colère, couleur. Essais sur le bouddhisme au Japon*, Collège de France, Institut des Hautes Études Japonaises, Paris, 2000.（邦訳『日本仏教曼荼羅』藤原書店, 2002）などがある。

訳者紹介

仏蘭久淳子（ふらんく・じゅんこ）

和歌山県生まれ。東京芸術大学絵画部卒業。1956年ベルナール・フランクと結婚。画家、サロン・ド・オートンヌ会員。絵画活動のほか、ベルナール・フランクの講演・論文などの翻訳に協力。

「お札《ふだ》」にみる日本仏教《にほんぶっきょう》

2006年9月30日　初版第1刷発行©

訳　者　仏蘭久　淳子

発行者　藤　原　良　雄

発行所　株式会社　藤　原　書　店

〒162-0041　東京都新宿区早稲田鶴巻町523

TEL　03（5272）0301
FAX　03（5272）0450
振替　00160-4-17013

印刷・製本　図書印刷

Printed in Japan
ISBN4-89434-532-3